Nadine Wermke

Bitcoin für alle, die denken, Bitcoin sei nichts für sie

Haftungsausschluss:

Die Inhalte dieses Buches dienen ausschließlich der allgemeinen Information und stellen keine individuelle Finanz-, Steuer- oder Rechtsberatung dar. Die dargestellten Informationen basieren auf gründlicher Recherche und persönlichen Erfahrungen der Autorin. Sie sind jedoch nicht auf die individuelle Situation der Leserin und des Lesers zugeschnitten und können keine Beratung durch qualifizierte Fachleute (wie z. B. Finanzberater, Steuerberater oder Anwälte) ersetzen.

Die Autorin und der Verlag übernehmen keine Haftung für die Vollständigkeit, Richtigkeit oder Aktualität der Inhalte. Jegliche Haftung für direkte oder indirekte Schäden, die durch die Anwendung der in diesem Buch dargestellten Informationen entstehen, wird ausgeschlossen.

Insbesondere ist eine Anlage in Bitcoin mit Risiken verbunden. Es kann zum Verlust des eingesetzten Kapitals kommen. Vergangene Wertentwicklungen stellen keine Gewähr für zukünftige Entwicklungen dar. Ein Bitcoin-Kauf oder Bitcoin-Verkauf sowie die Verwahrung der Bitcoin obliegen der eigenen Entscheidung der Leserin, des Lesers und erfolgen auf eigenes Risiko.

NADINE WERMKE

BITCOIN FÜR ALLE, DIE DENKEN, BITCOIN SEI NICHTS FÜR SIE

GABAL

Externe Links wurden bis zum Zeitpunkt der Drucklegung des Buches geprüft. Auf etwaige Änderungen zu einem späteren Zeitpunkt hat der Verlag keinen Einfluss. Eine Haftung des Verlags ist daher ausgeschlossen.

Ein Hinweis zu gendergerechter Sprache: Die Entscheidung, in welcher Form alle Geschlechter angesprochen werden, obliegt den jeweiligen Verfassenden.

Bibliografische Information der Deutschen Nationalbibliothek
Die Deutsche Nationalbibliothek verzeichnet diese Publikation in der Deutschen Nationalbibliografie; detaillierte bibliografische Daten sind im Internet über http://dnb.d-nb.de abrufbar.

ISBN 978-3-96739-227-2

Lektorat: Silke Martin, Kriftel
Umschlaggestaltung: Martin Zech Design, Bremen | www.martinzech.de
Illustration Umschlag: Bartosz Lewicki, Basel-Stadt | www.thegreatprint.net
Autorenfoto: © privat; Fotografin: Martha Sahin (Pecks Agency)
Satz und Layout: Zerosoft, Timisoara
Druck und Bindung: Libri Plureos GmbH, Friedensallee 273,
22763 Hamburg, info@m.bod.de

www.gabal-verlag.de
www.gabal-magazin.de
www.facebook.com/Gabalbuecher
www.x.com/gabalbuecher
www.instagram.com/gabalbuecher

Inhaltsverzeichnis

Vorwort

„Du wirst bestohlen!“

1973 schrieb Michael Ende seinen Kultroman *Momo* mit dem Untertitel *Die seltsame Geschichte von den Zeit-Dieben und von dem Kind, das den Menschen die gestohlene Zeit zurückbrachte.*

Jetzt fragst du dich sicherlich, was hat *Momo* mit Bitcoin zu tun? Eine ganze Menge!

Auf der einen Seite wirst du um deine Lebenszeit betrogen – und wahrscheinlich weißt du das gar nicht. Auf der anderen Seite gibt es eine Lösung, um dir die gestohlene Zeit wieder zurückzubringen. Unser Momo heißt Bitcoin!

Lass mich kurz erläutern, warum auch du Opfer von Zeit-Dieben bist: Wir alle arbeiten, um Geld zu verdienen und ein Leben zu bestreiten. Dafür investieren wir das rarste und wertvollste, was wir im Leben besitzen, nämlich unsere Lebenszeit. Diese ist definitiv endlich! Wenn die in Geld gespeicherte Lebenszeit einem dann durch Abgaben genommen wird, um Steuergeldverschwendung und Inflation beraubt wird, dann ist das ein Diebstahl von Lebenszeit, die unwiederbringlich verloren geht! Besonders tückisch und zerstörerisch ist die Inflation, der Verlust von Kaufkraft. Das bedeutet, du kannst dir für dein Geld immer weniger leisten. Paradebeispiele dafür sind die neuen Rekordmarken bei den Aktienmärkten, regelmäßig neue Rekordhochs bei Gold,

Immobilien oder eben immer wieder bei Bitcoin. Denn sie zeigen den Wertverfall des Geldes auf. Wenn die Preise für Immobilien, Gold oder Bitcoin steigen, heißt es nicht, dass du auf einmal ein größeres Grundstück besitzt, dein Haus zwei neue Stockwerke hat, der Kilobarren Gold plötzlich anderthalb Kilo wiegt. Nein, es bedeutete lediglich, dass du immer mehr Papierscheine für dasselbe Gut auf den Tisch legen musst. Und da das Einkommen nicht im gleichen Tempo steigt wie die Inflation, wirst du um deine Kaufkraft beraubt und letztendlich um Lebenszeit, die du für das Verdienen des Geldes aufgebracht hast. Drastisch gesagt: Wenn alle limitierten Werte im Preis steigen und neue Rekordniveaus erreichen, heißt es auf der anderen Seite, dass Geld sich auf dem Allzeittief befindet.

Täter ist unser falsch gestricktes Geldsystem und Opfer sind wir alle! Unser Schuldgeldsystem beraubt die breite Masse, wird von der Politik missbraucht, dient nur einigen wenigen, hat ein begrenztes Mindesthaltbarkeitsdatum und endet immer gleich: mit Inflation, Währungsreform, sozialen Unruhen und/oder Krieg.

Wir alle haben tagtäglich mit Geld zu tun, aber es wird nicht in der Schule unterrichtet, wie wir damit umgehen sollten. Nur wenige wissen, wie unser Geldsystem funktioniert, wie Geld entsteht, dass Geld im Rückspiegel der Geschichte immer stirbt, und zwar in regelmäßigen Zyklen, und wir uns derzeit in keiner Ausnahmesituation befinden.

Aus dem Grund ist es essenziell, das Geldsystem zu verstehen, um seine gespeicherte Lebenszeit in Form von Geld in die richtigen Wertspeicher zu investieren. Du musst in alles investieren, was durch die Natur oder durch die Mathematik limitiert ist. Bitcoin ist das erste digitale und dezentrale Gut und das rarste, was die Menschen jemals hatten. Es wird nur 21 Millionen Bitcoin geben – danach ist Schluss. Geld drucken können die Notenbanken unendlich, bei Gold wissen wir nicht, wie viel noch in der Erdkruste schlummert. Nur bei Bitcoin können wir exakt benennen, wann es zu Ende geht.

Dieses wunderbare und wichtige Buch von Nadine Wermke hilft dir dabei, die größte Revolution aller Zeiten – Bitcoin – zu verstehen und tätig zu werden.

Marc Friedrich
SPIEGEL-Bestsellerautor, Speaker,
Honorarberater, YouTuber

Einleitung

Entdecke Bitcoin und gestalte deine (finanzielle) Zukunft selbstbestimmt

Hast du dich auch schon einmal gefragt, was dieses Bitcoin eigentlich ist, von dem immer wieder in den Medien die Rede ist? Was daran so besonders ist und wieso viele dabei von digitalem Gold sprechen? Wie funktioniert Bitcoin überhaupt und ist das was für dich? Kannst auch du Bitcoin als Geldanlage nutzen und ist das riskant? Was ist dran an den Vorwürfen von Bitcoin-Kritikern, dass Bitcoin Strom verschwendet und für kriminelle Machenschaften genutzt wird, während Bitcoin-Fürsprecher es als Tool zur Wahrung von Freiheitsrechten und für mehr Wohlstand weltweit betrachten? Bitcoin ist für so viele Menschen so vieles:

- die sich am besten entwickelnde Wertanlage der letzten 15 Jahre,
- das knappste Gut der Welt,
- ein Klimakiller,
- ein Wertespeicher,
- Inflationsschutz,
- digitales Geld,
- Umwandlung von Energie in Wert,
- eine Spielerei für ein paar Computerfreaks
- und, und, und.

All diese Aspekte werden wir uns in diesem Buch gemeinsam anschauen.

Ich selbst habe Bitcoin 2019, zunächst als Anlagemöglichkeit neben Aktien, für mich entdeckt. Doch je mehr ich mich damit beschäftigte, je mehr ich über Bitcoin lernte, desto mehr war ich davon fasziniert. Nach und nach erschloss sich mir, dass Bitcoin so viel mehr ist als nur ein Anlageprodukt. Entlang dieses Weges habe ich viele Personen kennengelernt, denen es ähnlich ging. Vielmehr noch habe ich bisher niemanden getroffen, der Bitcoin einigermaßen umfassend verstanden hat – vollständig kann es wohl niemand durchdringen – und der nicht diese transformierende Kraft erfuhr, die Bitcoin seitdem auf sein Leben, Denken, Handeln und somit die Zukunft ausübt. Auch ich empfinde es so, und daher ist es mir ein brennendes Anliegen, diesen Funken der Faszination und Erkenntnis an so viele Menschen wie möglich weiterzugeben.

Nachdem ich mich nun seit mehr als fünf Jahren täglich damit beschäftige und die positiven Einflüsse und Auswirkungen auf mein Leben, das meiner Familie, meine Sichtweise auf die Zukunft und nicht zuletzt unsere Finanzen erlebe, ist es für mich an der Zeit, das erarbeitete Wissen weiterzugeben. Es ist mir ein großes Anliegen, dir auf möglichst einfache und kompakte Art und Weise Bitcoin näherzubringen. Für das ausführlichere Studium von Bitcoin und seiner vielen thematischen Facetten findest du im Anhang eine ganze Menge Referenzen zum Weiterlesen und Weiterhören. Dieses Buch soll dir einen einfachen und schnellen Ein- und Überblick geben. Es entfacht hoffentlich deine Neugierde und gibt dir den Anstoß, mehr darüber lernen zu wollen.

Egal, auf welchem Weg und durch welche Umstände dieses Buch in deine Hände gelangt ist und du diese Zeilen nun liest. Ob du es dir selbst gekauft hast, weil du endlich verstehen wolltest, was dieses Bitcoin eigentlich ist, ob du auf der Suche nach Möglichkeiten bist, dein Geld anzulegen, oder ob du dir erhoffst, schnell reich zu werden. Ob du dich vom Titel oder Cover angezogen gefühlt hast, ob eine Freundin es dir geschenkt oder ein Bekannter es empfohlen hat, es sei dir versichert: Es lohnt sich, die Zeit des Lesens zu investieren. Und sofern eine andere Person dich zu diesem Buch gebracht hat, so kannst du dir gewiss sein, dass sie es gut mit dir meint. Denn *Study Bitcoin*, die Aufforderung, sich mit Bitcoin zu beschäftigen, ist der wohlwollendste Rat, den ein Bitcoiner seinen Liebsten geben kann. Zu der Erkenntnis *Buy Bitcoin* sollte dann ein jeder oder eine jede von selbst kommen. Triff diese Entscheidung aber wirklich erst dann, wenn du es einigermaßen verstanden hast und dich damit wohlfühlst.

Die Beschäftigung mit Bitcoin – also verstehen zu wollen, was es damit auf sich hat – sei dir hiermit ans Herz gelegt. Denn Bitcoin ist eine der größten oder vielleicht sogar die größte technologische und zugleich soziale Innovation unseres Jahrhunderts. Von ihrem Ausmaß vergleichbar mit der Erfindung des Telefons oder des Internets. Denn es ist nicht weniger als ein neues staatenloses, unabhängiges, globales, digitales Geld, zu dem jeder Mensch auf der Welt Zugang hat, welches jeder nutzen und das von niemandem manipuliert werden kann. Das 24 Stunden am Tag, sieben Tage die Woche, 365 Tage im Jahr zur Verfügung steht. Ein perfektes Geld, mit dem sich Sparen wieder lohnt und das du überall mit hinnehmen kannst. Es ist digital und im Internet. Gleichzeitig existieren deine Bitcoin in Form von 12 oder 24 Wörtern in deinem Kopf. Jeder Mensch auf der Welt kann Bitcoin besitzen und nutzen. Egal ob er in unserer privilegierten westlichen Welt oder in Afrika oder in Afghanistan lebt – jede Frau, jedes Kind, Menschen jeglichen Alters, jeglicher Herkunft und Religion.

Die einen kommen zu Bitcoin, weil sie neue Investitionsmöglichkeiten suchen, andere sind fasziniert von der Technologie. Knapp zwei Milliarden Menschen auf dieser Welt haben keinen Zugang zu einem Bankkonto. Und immer mehr von ihnen nutzen Bitcoin, um ihren Arbeitslohn zu sparen, um über ein Zahlungsmittel für ihren Lebensunterhalt zu verfügen. Menschen nutzen es, um ihre Ersparnisse vor horrender Inflation, vor Banden oder korrupten Regierungen zu schützen. Frauen in Afghanistan, die ohne Erlaubnis ihres Ehemannes, Vaters oder Bruders kein eigenes Konto und kein eigenes Geld besitzen dürfen, verwenden Bitcoin, um ihre Abhängigkeit zu reduzieren und sich selbst zu ermächtigen.

Und auch wir in Europa und in Deutschland fragen uns, wie wir angesichts von Inflation, demografischem Wandel, prekärer Altersvorsorgesysteme und der gesellschaftlichen Tendenz zu einer Verschuldungs- und Konsummentalität finanziell auf einen „grünen Zweig“ kommen sollen.

Bitcoin fixes this. Vielleicht nicht alles. Aber Bitcoin und die Auseinandersetzung damit machen bereits für viele Menschen weltweit einen entscheidenden Unterschied für ihre jeweiligen persönlichen Lebensumstände. Und ich wünsche dir, dass dies nach dem Lesen dieses Buches auch auf dich zutrifft und

Bitcoin dein Leben und deine Zukunft ein Stück besser macht. Denn Bitcoin verstehen zu wollen und Bitcoin zu besitzen bedeutet, Verantwortung zu übernehmen – Verantwortung für die eigenen Finanzen, für den eigenen Besitz und die Gestaltung der eigenen Zukunft – und damit auch die Möglichkeit zu erhalten, selbstbestimmter, freier, unabhängiger zu agieren.

Und deshalb lautet mein von ganzem Herzen kommender Impuls an dich: Study Bitcoin!

Alles Liebe, Nadine

1. Was ist Bitcoin eigentlich?

Bitcoin ist eine digitale Währung. Ein Geldmittel, das erschaffen wurde, um es im Internet zu nutzen, und das viele Eigenschaften von Bargeld hat. So kann Bitcoin ebenso wie Bargeld von einer Person zu einer anderen weitergegeben werden, ohne dass es eine zentrale Instanz in der Mitte geben muss, die die Zahlung durchführt oder überwacht. Bei allen anderen Arten von digitalen Zahlungsmethoden, wie beispielsweise Banküberweisungen, Kreditkartenzahlungen oder PayPal, wird immer eine dritte Partei dazwischengeschaltet, die die Zahlungen prüft, veranlasst oder durchführt. Bitcoin ist das erste dezentrale System, das Zahlungen von einer Person zu einer anderen ermöglicht, ohne dass eine vertrauenswürdige Partei in der Mitte vorhanden ist.

Doch wer betreibt Bitcoin? Wo kommt es her? Wo „lebt“ es und was hat es mit diesem digitalen Geld auf sich? All diese Aspekte werden wir uns nachfolgend gemeinsam anschauen.

Die faszinierende Entstehungsgeschichte

Am 31. Oktober 2008 versendete eine unbekannte Person oder Gruppe unter dem Namen Satoshi Nakamoto eine E-Mail an die crypto.org-Mailingliste und im Anhang befand sich ein wissenschaftliches Papier mit dem Titel *Bitcoin – A peer to peer electronic cash system*. Die Mailingliste richtete sich an Kryptografen, Mathematiker und Informatiker weltweit und ihr Zweck war es, sich über neueste wissenschaftliche Erkenntnisse im Bereich der Kryptografie auszutauschen. Es war also ein sehr kleiner, spezieller Kreis von Nerds, der an diesem 31. Oktober das neunseitige Dokument, das **Bitcoin Whitepaper**, erhielt. Und wiederum nur ein kleiner Teil dieser hauptsächlich aus Entwicklern bestehenden Community begann sich ernsthaft mit dem Papier zu beschäftigen und es zu hinterfragen. So entstanden E-Mail-Konversationen und Posts in Online-Foren einzelner Entwickler, die mit Satoshi Nakamoto über mögliche Lücken und Fehleinschätzungen seiner Überlegungen diskutierten.

Am 3. Januar 2009 ließ Satoshi seinem Whitepaper dann auch eine praktische Anwendung folgen. Er veröffentlichte den Code von Bitcoin sowie den ersten Block der sogenannten **Bitcoin-Blockchain**. In diesen Block einprogrammiert war eine Nachricht: „The Times 03/Jan/2009 Chancellor on brink of second bailout for banks". Was wollte er damit mitteilen?

Bei der eingebauten Nachricht handelte es sich um ein Zitat der Titelseite der Londoner Tageszeitung *Times* vom 3. Januar 2009. Seit 2008 befanden sich Amerika und Europa in einer Finanzkrise gigantischen Ausmaßes. In der Folge wurden einige sehr namhafte Banken insolvent und das gesamte Finanzsystem drohte zu kollabieren. Die Regierungen der USA sowie einiger europäischer Länder sprangen den Banken mit staatlichen Hilfen zur Seite und es begann eine in der Geschichte bis dato einmalige Bankenrettung. Das Zitat im ersten Block der Bitcoin-Blockchain sollte auf die Missstände des bestehenden Geldsystems, das auf Mittelsmännern wie Banken basiert, hinweisen. Denn Bitcoin stellt das weltweit erste Geldsystem dar, das ohne solche Mittelsmänner, ohne Intermediäre, auskommt. Es ist ein **Peer-to-Peer-System**, in dem Einzelne wie du und ich direkt miteinander interagieren.

Wer ist Satoshi Nakamoto?

Satoshi Nakamoto ist das Pseudonym einer Person oder Gruppe, der oder die bis heute unbekannt ist. Keiner weiß, ob es sich um einen Mann oder eine Frau handelt, welcher Nationalität er oder sie entstammt. Und obwohl viele Analysten versucht haben, anhand der Formulierungen im Whitepaper und der E-Mails, anhand der verwendeten E-Mail-Adresse und vielen weiteren Kriterien mehr über Satoshis Identität zu erfahren, ist dies nie gelungen. Im April 2011 verschwand Satoshi mit einer letzten Nachricht und der Bemerkung: „Ich bin nun mit anderen Dingen beschäftigt. Es [Anm. d. Autorin: Bitcoin] ist in guten Händen von Gaven [Anm. d. Autorin: Gaven Andresen, einem der Entwickler, der sich umfangreich mit Satoshi ausgetauscht und gemeinsam mit ihm oder ihr die Entwicklung vorangetrieben hat] und den anderen“, von der Bildfläche, sodass man heute noch nicht einmal weiß, ob Satoshi überhaupt noch lebt.

> ***Die Tatsache, dass es keinen „Chef von Bitcoin“ gibt, keinen CEO, dass niemand weiß, wer es in die Welt gesetzt hat, und es nicht einen einzigen Verantwortlichen, keine Person, die über Bitcoin und dessen Fortbestehen entscheidet, gibt, macht es so einzigartig und ist genau die entscheidende Stärke, die Bitcoin zu dem macht, was es ist.***

Wir werden später noch genauer betrachten, was Bitcoin von all den sogenannten Kryptowährungen, die danach entstanden sind, unterscheidet. Die Tatsache, dass Satoshi Nakamoto Bitcoin anonym in die Welt gebracht und unbemerkt von der breiten Öffentlichkeit in der Diskussion und kritischen Prüfung durch ein paar Nerds verbessert und zu einem robusten System entwickelt hat, um dann selbst von der Bildfläche zu verschwinden, als der Zustand erreicht war, dass dieses System ohne sein Zutun weiter existieren konnte, ist einzigartig. Und kann nach allgemein herrschender Meinung auch nicht noch einmal wiederholt werden.

Magic Internet Money: Bitcoin als elektronisches Geld

Bitcoin ist also so etwas wie internationales, digitales Bargeld und hat dieselbe Eigenschaft wie Bargeld, dass es von einer Person zur nächsten weitergegeben werden kann, ohne dass beide sich kennen oder vertrauen müssen.

> ***Betrachten wir hierzu ein Beispiel:*** *Anne und Ben führen ein Geschäft miteinander aus. Anne erhält von Ben eine Ware und sendet ihm im Gegenzug Bitcoin. Sobald die Ware bei Anne und die Bitcoin bei Ben angekommen sind, ist das Geschäft erledigt.*

Bei den digitalen Zahlungsmöglichkeiten, die wir heute üblicherweise nutzen, wie Sepa-Überweisungen oder Kreditkartenzahlungen, laufen komplexe Prozesse im Hintergrund ab. Es dauert Stunden, Tage, sogar Wochen, bis das Geschäft tatsächlich abgeschlossen ist. Insbesondere wenn die Zahlung ins Ausland gehen soll. Außerdem muss bei Nutzung eines solchen digitalen Zahlungssystems der Anbieter – die zentrale Instanz in der Mitte – mit der Zahlung einverstanden sein.

Die Besonderheit eines dezentralen Zahlungssystems ist, dass es keiner Erlaubnis einer fremden Partei bedarf, um Zahlungen durchzuführen. Zahlungen können nicht kontrolliert, verboten, gestoppt werden.

PayPal

Nehmen wir beispielsweise PayPal als zentrales Zahlungssystem: Möchte Anne an Ben Geld schicken, so müssen Anne und Ben zunächst Kunden bei PayPal sein, sprich: dort einen Account haben. Hierzu muss PayPal mit Anne und Ben als Kunden einverstanden sein und die beiden müssen sich den Regeln von PayPal fügen, also deren Geschäftsbedingungen akzeptieren. Außerdem kann PayPal jederzeit entscheiden, dass die Zahlung, die die beiden untereinander abwickeln wollen, gegen irgendwelche Grundsätze verstößt, und die Abwicklung der Zahlung verweigern, zum Beispiel wenn Bens Wohnsitz in einem Land liegt, das bei PayPal auf einer schwarzen Liste steht.

Überweisung

Auch bei einer Zahlung mittels Überweisung sitzt eine zentrale Instanz — beziehungsweise sogar gleich mehrere — in der Mitte.

Stößt Anne bei ihrer Bank per Überweisung einen Zahlungsvorgang an, wird im Computersystem von Annes Bank der Kontostand von Anne um den Betrag dieser Zahlung reduziert. Es wird natürlich kein Bote mit einem Päckchen Geld losgeschickt, um Ben beziehungsweise seiner Bank den Betrag zukommen zu lassen, sondern Bens Bank, die in der Überweisung adressiert war, wird informiert. Sie schreibt wiederum in ihrem Computersystem Bens Konto den Betrag der Überweisung gut und erhöht damit dessen Kontostand. Gehören beide Banken, also die Bank, bei der Anne ihr Konto hat, und die Bank, bei der Ben ein Konto besitzt, zum selben Gironetz, zum Beispiel zum Sparkassenverbund, so gleichen die beiden Banken über die Girozentrale die aus der Überweisung resultierenden Zahlungsstände aus. Gehören die Banken nicht zum selben Gironetz, erfolgt die Verrechnung über die Bundesbank beziehungsweise bei Auslandsüberweisungen über die Europäische oder eine andere Zentralbank.

Es ist also ein ziemlich komplexes System in der Mitte notwendig, damit Anne einen Geldbetrag an Ben übermitteln kann. Bei beiden Prozessen – Zahlung per PayPal oder Überweisung – fallen sehr viele Daten an und es sind sehr viele persönliche Angaben notwendig, um diese Systeme zu nutzen. Denn um überhaupt in der Lage zu sein, eine Überweisung zu tätigen beziehungsweise zu empfangen, mussten Anne und Ben bei ihrer jeweiligen Bank zunächst unter Angabe von Wohnadresse, Geburtsdaten und Identitäts-Check das dazugehörige Girokonto eröffnen. Für die eigentliche Überweisung benötigt Anne Angaben von Ben bezüglich seiner Bank und seines Kontos in Form einer IBAN. Die beiden Banken speichern die Transaktion von Anne zu Ben in ihren Datenbanken.

Barzahlung

Bei Bargeld ist das ganz anders. Treffen sich Anne und Ben zum Beispiel auf einem Flohmarkt und Anne bezahlt bei Ben für ein Buch mit Bargeld, dann weiß keine dritte Instanz, dass Geld von Anne zu Ben geflossen ist und dass Ben an Anne ein Buch verkauft hat. Genauso wenig müssen Anne und Ben etwas voneinander wissen. Sie kommen als Fremde zusammen, tauschen Buch gegen Bargeld und gehen wieder auseinander. Da das Geschäft direkt abgeschlossen wird, Ben also das Geld und Anne das Buch erhält, müssen sie sich auch nicht gegenseitig vertrauen. Genau diese Möglichkeit sollte es im Internet, also digital, auch geben. Gab es vor Bitcoin aber nicht. Daher stellt Bitcoin die Erfindung des ersten **Peer-to-Peer Electronic Cash Systems** dar. Peer-to-Peer bedeutet, dass es direkt von einer Person zu einer anderen Person geschickt werden kann. Unter „Electronic Cash System" versteht man digitales beziehungsweise elektronisches Geld.

> ***Bitcoin ist ein Peer-to-Peer Electronic Cash System – so etwas wie elektronisches Bargeld, das direkt von einer Person zu einer anderen geschickt werden kann ohne zentrale Instanz in der Mitte.***

Was ist das Besondere und Einzigartige?

Das Problem bei Zahlungen im digitalen Raum ist, dass dieser zur Übermittlung von Informationen gemacht ist. Das Internet, E-Mails und Messages sind so konzipiert, Informationen zu verteilen. Dabei wird die jeweilige Information vervielfältigt. Wenn ich dir eine Mail schicke, dann hast du hinterher die Mail und ich auch.

Wenn Charlotte an Daniel ein Foto schickt, dann verschwindet dadurch das Foto bei Charlotte nicht, nur weil Daniel es nun hat. Es wird kopiert. Für Geld wäre das fatal. Würde aus unserem vorherigen Beispiel Ben an Anne ein Buch verkaufen und Anne würde mit digitalem Geld bezahlen, das beim Bezahlvorgang kopiert würde, das also bei Ben ankommt und dabei bei Anne nicht verschwindet, so würde dies alles auf den Kopf stellen. Wir könnten durch pures Hin-und-her-Schicken beliebig viel Geld erzeugen. Dadurch wäre das Geld dann aber auch wertlos. Niemand müsste uns mehr eine Ware dafür geben, denn die Person mit der Ware könnte sich ja selbst Geld durch Kopieren beschaffen und müsste sich dafür gar nicht von ihrer Ware trennen. Geld, das durch eine Transaktion vervielfältigt wird, ist also unbrauchbar. Vielmehr benötigen wir im digitalen Raum so etwas wie einen Geldschein, der von Anne zu Ben gegeben wird. Nach der Transaktion hat Ben ihn und Anne hat ihn nicht mehr. Wie kann das funktionieren? Die geniale Erfindung, die das möglich macht, ist die **Blockchain.**

Wie funktioniert die Blockchain?

Eine Blockchain ist, wie der Name schon sagt, eine Aneinanderreihung von Blöcken, eben eine Kette aus Datenblöcken. Einen solchen Datenblock kann man sich in etwa wie die Seite eines Buches vorstellen, eines Kassenbuches (im englischen Ledger genannt). Dieses Kassenbuch funktioniert sehr ähnlich wie das Buchungssystem einer Bank, denn es vermerkt, wer an wen einen Betrag – in diesem Fall Bitcoin – gesendet hat. Das heißt, in einem Block, auf einer Seite des Kassenbuches, steht, dass Anne an Ben Bitcoin sendet, dass also Anne eine Transaktion von Bitcoin zu Ben durchgeführt hat.

Der große Unterschied zu einer Überweisung zwischen Banken besteht nun in zwei Punkten:

- Erstens stehen im Bitcoin-Kassenbuch **keine Informationen** über Anne und Ben, sondern nur Adressen: sogenannte Public Addresses. Und diese Adressen haben keinen personengebundenen Bezug. Es handelt sich bei diesen Adressen nicht um so etwas wie eine Wohnanschrift, sondern um spezielle Adressen, die aus Buchstaben und Zahlen bestehen. Zum Beispiel: bc1qy00j9cwt72zwlgjrxxm80cm5hihtct4g550nf6.
- Zweitens ist das Kassenbuch bei Bitcoin **öffentlich von jedem einsehbar**, während bei Bank-Überweisungen die Informationen, wer wie viel besitzt und wer wem Geld schickt, bei den jeweiligen Banken liegen und zentral auf deren Servern gespeichert sind.

Jeder, der möchte, kann sich die gesamte Bitcoin-Blockchain herunterladen und alle bisher getätigten Transaktionen seit 2009 anschauen. Dort sieht man dann, welche Adresse an eine andere Adresse wie viel Bitcoin geschickt hat. Gleichzeitig weiß niemand, wem welche Adresse gehört. Im besten Fall weiß nur der Besitzer einer Adresse, dass sie ihm gehört. Im Normalfall wissen es Personen und Institutionen, denen man die Adresse als Empfangsadresse genannt hat. In unserem Flohmarkt-Beispiel könnte Anne das Buch in Bitcoin bezahlen, ohne zu verraten, wie sie heißt, wo sie wohnt etc. Auch Ben müsste nichts von sich preisgeben. Er nennt Anne seine Bitcoin-Adresse und erhält von Anne nun Bitcoin. Daraufhin geht Anne mit dem Buch nach Hause. Anne und Ben kennen zwar somit gegenseitig die Adresse, von der die Bitcoin kamen, und die, auf die sie transferiert wurden, aber sonst wissen sie nichts voneinander. Auf einem Flohmarkt ein Buch mit Bitcoin zu bezahlen, wäre natürlich eher eine Spielerei als ein wichtiger Use Case. Denn dort, wo wir uns physisch treffen, können wir natürlich auch physisches Bargeld austauschen. Das Tolle ist aber gerade, dass Bitcoin vor allem für Zahlungen im digitalen Raum funktioniert. So kann man in Sekundenschnelle für eine Ware oder Dienstleistung zahlen und es ist dabei völlig unerheblich, ob sich der Empfänger der Zahlung im Nachbarhaus, im selben Land oder am anderen Ende der Welt aufhält. Er muss über kein Bankkonto, keine Kreditkarte und keinen PayPal-Account verfügen, keinen festen Wohnsitz haben und nicht online sein. Es spielt keine Rolle, ob es Sonntagmorgen oder Freitagabend ist. Bitcoin kennt keine Zeitverschiebung und keinen Feierabend. Bitcoin funktioniert 24 Stunden an sieben Tagen die Woche, und das durchgängig seit dem 3. Januar 2009.

Das dezentrale Netzwerk von Bitcoin

Bitcoin ist ein dezentrales Netzwerk. Wie kannst du dir das vorstellen? Jeder Computer weltweit kann zu einer sogenannten **Bitcoin-Node** werden, zu einem Knoten im Bitcoin-Netzwerk. Durch Herunterladen und Ausführen der Bitcoin-Software – frei zugänglich über das Internet – wird ein Computer zur Node. Diese lädt die gesamte Bitcoin-Blockchain, also die Informationen über alle bisherigen Blöcke und die darin enthaltenen Transaktionen, herunter. Eine Node verbindet sich mit ca. acht weiteren Nodes. Das sind ihre Nachbarknoten. Solange die Node online ist, validiert, also überprüft sie die Transaktionen im Netzwerk. Jeder kann einen solchen Rechner, eine solche Node laufen lassen und sich so an der Validierung des Bitcoin-Netzwerkes beteiligen. Das Kassenbuch, der Ledger, ist auf all diesen Rechnern gleichzeitig gespeichert. Dies ist ein weiterer entscheidender Unterschied zum Kassenbuch einer Bank. Dort speichert und validiert nur die Bank selbst auf ihrem zentralen Server die ein- und ausgehenden Zahlungen. Die Bank ist die zentrale Prüfinstanz, die gewährleistet, dass alle Zahlungen korrekt verbucht werden.

Bei der Bitcoin-Blockchain ist es anders. Alle Transaktionen, die durchgeführt werden sollen, werden von den Nodes überprüft. Bestätigt eine Node die Richtigkeit einer Transaktion, so tut sie dies, indem sie ihren benachbarten Nodes davon „erzählt". Diese validieren ihrerseits die Transaktion. Nur als korrekt validierte Transaktionen werden von den Minern – dies sind spezielle Nodes, deren Rolle im Bitcoin-Netzwerk wir uns gleich noch genauer anschauen werden – in die Blöcke der Bitcoin-Blockchain eingetragen und dort verewigt. Die am Netzwerk beteiligten Nodes sind weltweit verteilt und bilden ein umfassendes Netzwerk. Weil jede dieser Nodes die gesamte Bitcoin-Blockchain speichert, ist diese auf Zehn- oder Hunderttausenden von Rechnern verfügbar. Wollte man einen Eintrag in diesem Kassenbuch fälschen, so müsste diese Fälschung auf allen Rechnern weltweit gleichzeitig passieren. Da eine einzelne Node dem übrigen Netzwerk nicht bekannt ist, es kein Verzeichnis und keine Standort-übersicht gibt, können sich die Nodes auch nicht auf anderem Wege untereinander abstimmen. Da die Nodes weltweit verstreut sind, kann ein Stromausfall, ein nationales Verbot, sich an der Blockchain zu beteiligen, eine Naturkatastrophe oder Ähnliches dem Bitcoin-

Netzwerk nichts anhaben. Ein Teil des Netzwerkes wird immer online sein, die Transaktionen validieren und die hereinkommenden Blöcke speichern. Kommen Nodes neu oder nach Abwesenheit wieder ins Netzwerk hinzu, so werden sie über den aktuellen Stand der Blockchain unterrichtet und nehmen von dort an wieder ihre Arbeit auf.[1]

2. Wie funktioniert Bitcoin?

Um Bitcoin zu begreifen, gilt es, einen Blick in den „Maschinenraum“, in diesem Fall die Blockchain und die zugrunde liegenden Komponenten und Mechanismen, zu werfen. Wir werden uns anschauen, wie neue Bitcoin entstehen und welche Eigenschaften Bitcoin ausmachen. Außerdem betrachten wir seine turbulente Wertentwicklung.

Von geheimen Schlüsseln, Adressen, Geldbörsen und der Frage: „Wo liegt Bitcoin?“

Im Folgenden erläutere ich dir die Bestandteile von Bitcoin. Du lernst die wichtigsten Begriffe kennen und erfährst, wie Bitcoin funktioniert.

Das Prinzip

Die Bitcoin-Blockchain arbeitet mit dem Prinzip von öffentlicher Adresse (Public Address) und geheimem Schlüssel (Private Key). Eine öffentliche Adresse wird durch einen Algorithmus aus einem geheimen Schlüssel abgeleitet. Allerdings lässt sich dieser Algorithmus nicht umkehren, sodass von einer öffentlichen Adresse nicht auf den zugrunde liegenden geheimen Schlüssel zurückgeschlossen werden kann.

Nenne niemandem unter keinen Umständen deinen Private Key. Der Private Key ist alles, was du besitzt, wenn du Bitcoin besitzt.

Eine Transaktion ist das Versenden von Bitcoin von einer öffentlichen Adresse zu einer anderen öffentlichen Adresse. Die Transaktion wird unter Angabe der beiden Adressen (Sender- und Empfängeradresse) und des zu transferierenden Betrags in einen Block eingetragen und steht für immer in der Blockchain.

Der Sender einer Transaktion benötigt seinen privaten Schlüssel, um zu bestätigen, dass ihm die Bitcoin auf der Senderadresse gehören und er die Transaktion zur Empfängeradresse durchführen möchte.

Wallet

Dieser Schlüssel wird in einem Wallet verwahrt. Dieses kannst du dir wie einen digitalen Geldbeutel vorstellen. Es gibt dabei verschiedene Arten von Wallets. Ein Hardware Wallet ist in etwa so etwas wie ein USB-Stick, Software Wallets gibt es als Software auf dem Computer oder in der wohl gebräuchlichsten Form als App für das Smartphone. Ein Wallet verwahrt den Private Key und generiert die Public Addresses, die zum privaten Schlüssel gehören. Außerdem nutzt du ein Wallet, um eine Transaktion in das Netzwerk zu geben. **Das Wallet ist notwendig, um einen Betrag von deiner Public Address zu einer anderen Adresse zu transferieren.**

Wo liegt Bitcoin?

Wenn man beginnt, sich mit Bitcoin zu beschäftigen, ist eine der größten gedanklichen Hürden, die man nehmen muss, zu begreifen, wo sich Bitcoin befindet. Denn Bitcoin ist sozusagen überall. Es ist ähnlich wie das Internet und im Prinzip ist es *im* Internet. Gleichzeitig musst du nicht online sein, um Bitcoin zu besitzen. Wenn du Bitcoin kaufst, dann sind diese nicht bei dir, also zum Beispiel auf deinem Computer, Handy oder einem Stick gespeichert. Deine Bitcoin werden nur einer Adresse, die dir gehört, im großen Kassenbuch, der Bitcoin-Blockchain, gutgeschrieben. Das ist der riesengroße Unterschied zu Investitionen in zum Beispiel Edelmetalle, die du bei dir in einem Safe oder in einem Bankschließfach lagerst oder alternativ von einer dritten Partei verwahren lässt, oder zu Aktien, die von der Bank in dein Depot gelegt werden, wenn auch heutzutage meistens nur noch in digitaler Form.

Die Bitcoin liegen in Adressen auf der Blockchain und diese ist ein Protokoll im Internet. Dieses Protokoll kann von jedem beliebigen Computer auf der Welt angesehen werden und es wird von allen Nodes weltweit gespeichert.

Du wunderst dich jetzt vielleicht, dass die Bitcoin selbst nicht auf einem spezifischen Computer, Handy, einer Festplatte oder einem USB-Stick, sondern auf der jederzeit einsehbaren Blockchain gespeichert werden. Gleichzeitig hast du vielleicht Geschichten darüber gehört, dass Menschen Müllhalden nach ihren aus Versehen entsorgten Festplatten durchwühlten, weil sie Hunderte von Bitcoin auf dieser Festplatte „gespeichert“ hatten. Oder dass jemand nicht mehr auf seine Bitcoin zugreifen kann, weil er sich nicht mehr an das Passwort seines früheren PCs erinnert.

Das, was auf den technischen Geräten gespeichert wird, sind nicht die Bitcoin selbst, sondern der Private Key, der private Schlüssel.

Wer den zu einer Bitcoin-Adresse gehörenden privaten Schlüssel besitzt, kann die Bitcoin, die der Adresse zugeordnet sind, transferieren. Die Fähigkeit, Bitcoin von einer Adresse wegtransferieren zu können, macht jemanden zum Besitzer dieser Bitcoin. Nur wer über den privaten Schlüssel verfügt, hat Verfügungsgewalt über die dazugehörigen Bitcoin. Solange jemand diesen Schlüssel für dich verwahrt beziehungsweise du Bitcoin auf einer Adresse liegen hast, über deren Schlüssel jemand anderes verfügt, sind es nicht deine Bitcoin. Dies gilt auch, wenn dieser jemand eine Bank oder Börse oder irgendein anderer kommerzieller Anbieter ist.

„Not your key, not your Bitcoin" ist die wichtigste Regel überhaupt, wenn man in Bitcoin investiert.

Besonderheiten des Schlüssels

Das heißt, es ist essenziell, die Schlüssel selbst zu halten. Du kannst dir das so vorstellen wie den Schlüssel zu einem Bankschließfach, allerdings mit drei entscheidenden Unterschieden.

Zum einen gibt es keinen Ersatzschlüssel oder Zweitschlüssel. Es gibt also niemanden, der dir diesen Schlüssel wiederbeschaffen kann, wenn du deinen verlierst. Zum anderen ist das Bankschließfach digital und somit nicht an einen physischen Ort gebunden. Du kannst von überall auf der Welt darauf zugreifen. Und auch der Schlüssel ist nicht physisch, sondern besteht aus einer Information, nämlich aus einer sehr, sehr großen Zahl, die im Wallet gespeichert wird. Um Fehler beim Umgang mit dem Private Key zu vermeiden, werden vom Wallet 12 oder 24 Wörter erzeugt, die nach dem sogenannten BIP39-Standard eine „Übersetzung" für diese Zahl darstellen. Da es sich um einen Standard handelt, kann von nahezu jedem Wallet durch Eingabe der Wortfolge der Private Key wiederhergestellt werden.

So könntest du beispielsweise mit folgender Wortfolge auf eines meiner Wallets zugreifen:

1. walk	2. rare	3. much	4. license
5. demand	6. inform	7. flower	8. slender
9. pink	10. burger	11. define	12. script

Die Darstellung in der speziellen Wortfolge hat den entscheidenden Vorteil, dass es nicht so einfach zu Fehlern kommen kann, wie beispielsweise zu Zahlendrehern. Wörter sind leichter zu handhaben. So kannst du diese auch problemlos aufschreiben oder auswendig lernen. Dann existiert dein Schlüssel zu deinen Bitcoin auch in deinem Kopf und du kannst ihn und dadurch deine Bitcoin überall mit hinnehmen.

Wenn der Private Key digital auf einer Festplatte oder einem USB-Stick gespeichert war, dann verstehst du jetzt, warum viele Bitcoiner weltweit verzweifelt versuchen, noch einmal Zugriff auf ihre alten USB-Sticks und Festplatten zu erhalten. **Denn es gibt keine Möglichkeit, den Private Key wie ein Passwort beim Online-Banking zurücksetzen zu lassen.** Es gibt keine Instanz, die man anrufen oder informieren könnte, um an einen Private Key heranzukommen, den man aus irgendeinem Grund verloren hat.

Außerdem lassen sich Bitcoin-Transaktionen nicht rückgängig machen. Werden Bitcoin von Adresse A nach Adresse B transferiert, so ist das nur möglich, wenn der Besitzer von Adresse A mit seinem privaten Schlüssel die Transaktion veranlasst. Einmal durchgeführt, kann er die Bitcoin nicht zurücküberweisen oder die Transaktion rückgängig machen. Diese Tatsache macht es so wichtig, den Private Key geheimzuhalten und unter gar keinen Umständen zu teilen. Denn wer den Private Key kennt, kann eine Transaktion auf jede beliebige Adresse veranlassen, die sich nicht umkehren lässt. Das heißt, du könntest wortwörtlich dabei zusehen, wie deine Bitcoin deine Adresse verlassen und könntest nichts dagegen tun. Du kannst den Prozess nicht aufhalten oder rückabwickeln. Daher ist das ganz Entscheidende: **Nenne niemandem unter keinen Umständen deinen Private Key.** Der Private Key ist alles, was du besitzt, wenn du Bitcoin besitzt.

Doch was ist das eigentlich, was du da besitzt? Wenn es keine zentrale Stelle gibt, die Bitcoin herstellt und an Besitzer verteilt, woher kommen diese Bitcoin dann? Wie entstehen sie? Und wenn sie mittels Transaktionen an Besitzer übergeben werden, wer garantiert, dass die Transaktionen korrekt sind? Und wer darf diese Transaktionen überhaupt in die Blockchain schreiben?

Wie kommen neue Bitcoin in die Welt?

Neue Bitcoin entstehen (beziehungsweise werden über die Zeit freigesetzt) beim sogenannten **Mining**. Miner sind spezielle Nodes, die zusätzlich bestimmte Rechenoperationen durchführen. Ein Miner ist also ein Computer beziehungsweise meist ein ganzes

Rechenzentrum. Häufig wird aber auch der Mensch oder die Institution, die hinter dem Computer „steckt", ebenfalls als Miner bezeichnet. Die Miner treten gegeneinander in einen „Wettbewerb", ein Wettrechnen, um den nächsten gültigen Block zu finden und somit eine weitere gültige Seite für das Kassenbuch zu erstellen. Der Miner, der das Wettrechnen gewinnt, erhält als Belohnung neu erschaffene Bitcoin und darf den nächsten Block an die Blockchain anhängen.

Wie funktioniert Mining?

Schauen wir uns diesen Prozess einmal etwas genauer an: Ein Miner nimmt sich nacheinander verschiedene Transaktionen vor. Für jede Transaktion überprüft er, ob die Transaktion gültig ist, schaut also zunächst, ob die Bitcoin, die in der Transaktion übermittelt werden sollen, schon einmal in einer früheren Transaktion ausgegeben wurden. Nur wenn diese Bitcoin in keiner anderen Transaktion verwendet wurden, können sie für die vorliegende Transaktion genutzt werden. Stellt der Miner fest, dass diese Bitcoin bereits an eine andere Adresse transferiert wurden, erklärt er die Transaktion für ungültig. Wurden die Bitcoin in keiner anderen Transaktion benutzt und beweist der Sender der Transaktion mittels einer Signatur, die mit seinem privaten Schlüssel erzeugt wurde, dass ihm die Adresse, auf der die Bitcoin liegen, gehört, ist die Transaktion gültig. Der Miner packt viele gültige Transaktionen in einen Block. Dasselbe machen zeitgleich viele, viele Miner auf der ganzen Welt.

Um einen Block zu erstellen, nimmt sich ein Miner eine bestimmte Information des vorangegangenen Blocks – den **Hash** – her. Hierbei handelt es sich um eine Zahl, die eindeutig zum vorangegangenen Block gehört. Der Miner nimmt sich dann, wie bereits erläutert, beliebige Transaktionen vor. Die von ihm überprüften Transaktionen, der Hash des vorangegangenen Blockes und eine zusätzlich von ihm hinzugefügte Zahl – die sogenannte **Nonce** – ergeben gemeinsam eine Zeichenfolge. Auf diese spezielle Zeichenfolge wendet der Miner nun eine Hashfunktion an. Dies ist eine Funktion, die aus einer beliebigen Zeichenfolge eine Zahl – den Hash – macht. Diese Zahl gehört eindeutig zur verwendeten Zeichenfolge. Wird auch nur ein einziges Zeichen in der Zeichenfolge verändert, weggenommen oder hinzugefügt und die Hashfunktion auf diese etwas veränderte Zeichenfolge angewendet, ergibt dies ein völlig anderes Ergebnis. Aus der Veränderung des Ergebnisses lassen sich allerdings keine Rückschlüsse auf die Veränderung in der Zeichenfolge ziehen. Die Funktion lässt sich nämlich nicht umkehren. Aufgrund des Ergebnisses der Hashfunktion kann man die ursprüngliche Zeichenfolge nicht errechnen.

Andererseits ist die Hashfunktion selbst eine sehr einfache Rechenoperation. Wenn man die Zeichenfolge kennt, so ist es ganz einfach nachzuvollziehen, dass ein gegebener Hash zu dieser Zeichenfolge gehört. Die Aufgabe, zu der nun die Miner in einen Wettlauf treten, ist folgende: Sie nehmen den Hash, der zum vorangegangenen Block gehört, beliebige Transaktionen und eine geratene Zahl, die Nonce. Auf all diese Zeichen wenden sie nun die Hashfunktion an und vergleichen das Ergebnis mit einer vorgegebenen Zahl p.

Diese Zahl p nennt man das **Difficulty Target**. Ist das Ergebnis der Hashfunktion größer als p, so verwirft der Miner die gewählte Nonce und versucht es mit einer anderen. Denn wir wissen ja bereits: Ändern sich ein oder mehrere Zeichen in der Zeichenfolge (in diesem Fall ändert sich die Nonce), verändert sich das Ergebnis der Hashfunktion vollständig.

Der Miner probiert also so lange verschiedene Zahlen als Nonce aus, bis die Hashfunktion angewendet auf diese Zeichenfolge ein Ergebnis aufweist, das kleiner als das Difficulty Target ist. Er probiert dazu mehrere Hundert Trillionen verschiedener Noncen aus und berechnet dementsprechend genauso häufig die Hashfunktion. Dies ist ein sehr rechenintensiver Vorgang, was das Bitcoin-Mining zu einem höchst energieintensiven Prozess macht. Der Miner, der als Erster ein gültiges Ergebnis gefunden hat, darf den Block an die Blockchain anhängen.

Um sicherzugehen, dass der Miner tatsächlich eine gültige Lösung produziert hat, überprüfen alle anderen Miner und Nodes, ob das Hashing der gewählten Transaktionen, des Hashs des vorangegangenen Blocks und der gewählten Nonce zum behaupteten Ergebnis führt. Ist dies der Fall, so darf der Block an die Blockchain angehängt werden und der Miner erhält die Belohnung, den sogenannten **Block Reward**:

- Dieser besteht einerseits aus der Block Subsidy – neu erschaffenen Bitcoin (derzeit 3,125 Stück) –
- und andererseits aus allen Transaktionsgebühren der vom Miner in den Block eingebundenen Transaktionen.

Eine Besonderheit ist es hierbei, dass die Transaktionsgebühren nicht proportional zum transferierten Betrag sind, sondern zur Größe der Transaktion, also proportional zum Platz, den die Transaktion im Block einnimmt.

Organisationen, die minen, müssen sehr viel Geld in gute, leistungsfähige Hardware und Strom investieren, wenn sie im Wettlauf um das richtige Ergebnis wettbewerbsfähig sein wollen. Der Block Reward ist der Anreiz, diese Investitionen zu tätigen. Ohne Aussicht auf diese Belohnung bestünde kein Anreiz, sich am Mining zu beteiligen. Andererseits ist das Mining notwendig, um die Blockchain vor Schummeleien und Angriffen zu schützen.

Um einen gültigen Block zu finden, muss also sehr viel Energie in Form von Rechenpower für das Hashing aufgebracht werden. Wir sprechen hier von **Proof of Work**. Wenn also ein gültiger Block vorliegt, kann das Netzwerk sicher sein, dass Arbeit in Form von Rechenleistung erbracht wurde, um den Block zu finden. Denn der gültige Block ist das Ergebnis mehrerer Trillionen Versuche, einen gültigen Hash zu erzeugen. Der gültige Block kann nicht einfach herbeigeschummelt werden.

Ein Block und damit auch die neu entstehenden Bitcoin können nicht durch einen einfachen Prozess ohne Einsatz von hoher Rechenleistung „aus dem Nichts" erzeugt werden.

So entstehen Bitcoin

Die Block Subsidy hat noch eine weitere entscheidende Funktion, und diese ist überhaupt der Grund, warum man bei dem erwähnten Rechenvorgang von Mining spricht. Denn wie beim Abbau von Gold in einer Goldmine, dem sogenannten Gold Mining, entstehen durch das Bitcoin Mining neue Bitcoin und werden in Umlauf gebracht.

Die Block Subsidy in Höhe von derzeit 3,125 Bitcoin besteht genau aus diesen neuen Bitcoin. Sie kommen durch den Algorithmus in die Welt.

> ***Insgesamt wird es niemals mehr als 21 Millionen Bitcoin geben.***

Das Bitcoin-Protokoll regelt die Erzeugung und Verteilung der neuen Bitcoin folgendermaßen: Im Durchschnitt dauert es **zehn Minuten**, bis ein neuer Block gefunden und an die Blockchain angehängt wird. Das bedeutet, dass durchschnittlich alle zehn Minuten neue Bitcoin ausgegeben werden.

- Zu Beginn der Blockchain wurden 50 Bitcoin pro Block als Block Subsidy erzeugt.

- Nach 210.000 Blöcken (dies entspricht in etwa einer Dauer von vier Jahren) wird die Belohnung für das Finden neuer Blöcke halbiert. Man spricht hier vom Halving.

- Somit wurden mit den ersten 210.000 Blöcken 210.000 x 50 = 10.500.000 Bitcoin erzeugt. Dies bedeutet, dass die Hälfte aller jemals existierenden Bitcoin bereits in den ersten 210.000 Blöcken erzeugt wurde.

- In den nächsten 210.000 Blöcken wurden wiederum 210.000 x 25, also 5.250.000 Bitcoin gemint – weitere 25 Prozent aller jemals existierenden Bitcoin.

Das Bitcoin-Protokoll sieht vor, dass die Block Subsidy alle 210.000 Blöcke automatisch halbiert wird. Sie läuft also gegen null und wird voraussichtlich ab dem Jahr 2140 null betragen.

- Während ich diese Zeilen schreibe, sind wir gerade bei Block 851.430.

- Dies bedeutet, dass bereits 210.000 x 50 + 210.000 x 25 + 210.000 x 12,5 + 210.000 x 6,25 + 11.430 x 3,125, also insgesamt mehr als 19.723.218,75 der 21 Millionen Bitcoin entstanden und auf Besitzer verteilt worden sind.

Der Wettlauf um die letzten verbliebenen 1.276.781,25 Bitcoin ist in vollem Gange.

Zeitrahmen

Wie kann es sein, dass es im Durchschnitt immer zehn Minuten dauert, bis ein neuer Block gefunden wird? Tatsächlich werden Blöcke auch manchmal innerhalb von wenigen Minuten oder ab und zu sogar in Sekundenschnelle gefunden. Manchmal dauert es aber auch fast eine Stunde, bis ein gültiger Block erzeugt wird. Im Durchschnitt sind das zehn Minuten. Man könnte sich nun vorstellen, dass diese Durchschnittszeit reduziert werden kann, wenn sich mehr Miner am Wettrechnen beteiligen oder bessere Hardware auf den Markt kommt, mit der die Hashfunktion schneller berechnet werden kann. Dies ist auch tatsächlich der Fall. Man spricht dann davon, dass die **Hashrate** ansteigt: also die Anzahl aller Hashes, die im gesamten Netzwerk pro Sekunde berechnet werden. Mit steigender Hashrate steigt natürlich auch die Wahrscheinlichkeit, einen gültigen Block beziehungsweise eine gültige Nonce zu finden.

Um zu verhindern, dass die Bitcoin über die Zeit immer schneller freigesetzt werden, passt sich circa alle zwei Wochen das Difficulty Target an. Denn das Bitcoin-Netzwerk beobachtet die Zeit, die für das Finden der letzten 2016 Blöcke benötigt wurde. Diese Zeit wird mit der erwarteten Zeit verglichen, die für das Mining von 2016 Blöcken benötigt werden sollte (diese entspricht in etwa zwei Wochen). Ist die Hashrate überdurchschnittlich hoch und wurden die 2016 Blöcke schneller als in der erwarteten Zeit gefunden, so wird das Difficulty Target verkleinert. Da der gesuchte Hash kleiner sein muss als das verkleinerte Difficulty Target, gibt es weniger Noncen, die zu dem gewünschten Ergebnis führen. Es wird also schwieriger, eine gültige Lösung zu finden. Ist die Hashrate geringer als im Durchschnitt und wurden die Blöcke langsamer gefunden, wird das Difficulty Target vergrößert und der Schwierigkeitsgrad, einen gültigen Block zu erzeugen, verringert. Dies kann z. B. notwendig sein, wenn aufgrund von Naturkatastrophen große Minerfarmen zeitweise nicht minen können. Durch die regelmäßige automatische Anpassung des Difficulty Target wird insgesamt gewährleistet, dass im immer gleichen Takt neue Bitcoin entstehen.

Die Eigenschaften von Bitcoin

Bitcoin hat wichtige Eigenschaften, die es zu Geld, zu einem guten Wertspeicher und wertvoll machen: Unter anderem ist es **teilbar, knapp und nicht manipulierbar**.

1. Bitcoin ist teilbar

Eine wichtige Eigenschaft von Bitcoin ist, dass es in sehr kleine Teile unterteilt werden kann. Das klingt jetzt vielleicht erst einmal wie etwas ganz Banales. Aber es ist tatsächlich notwendig, damit Bitcoin als Zahlungsmittel genutzt werden kann. Eine mangelnde Teilbarkeit wäre nämlich ein großer Nachteil. So dient Gold beispielsweise seit Jahrtausenden als sehr guter Wertspeicher, aber es ist kein gutes Zahlungsmittel, weil ein sehr aufwendiger Prozess notwendig ist, um eine große Einheit von Gold (z. B. einen Goldbarren) in kleine Einheiten (z. B. Münzen oder kleinere Barren) zu unterteilen. Dies geht nur über komplizierte Einschmelzprozesse und Ähnliches. Bitcoin kann unterteilt werden, und zwar in sogenannte Satoshis, benannt nach dem Erfinder von Bitcoin. Ein Bitcoin besteht aus hundert Millionen Satoshis, kurz Sats genannt. Beim aktuellen Bitcoin-Kurs von ca. 61.000 Euro [Anm. d. Autorin: Stand Juli 2024] entspricht ein Sat einem Wert von 0,061 Cent beziehungsweise 0,00061 Euro. So können auch sehr kleine Werte dargestellt und kleinste Zahlungen in Bitcoin abgewickelt werden. Es kann eine beliebige Anzahl an Satoshis gekauft oder transferiert werden.

Kleinste Teile erwerbbar

Ein Grund, warum ich diese Teilbarkeit so betone, ist, dass ich es immer wieder erlebe, dass Leute denken, sie müssten einen ganzen Bitcoin kaufen, wenn sie Bitcoin erwerben möchten. Und weil sie so viel Geld nicht besitzen oder, wenn sie es besitzen, nicht bereit sind, es in Bitcoin zu investieren, setzen sie sich erst gar nicht mit dieser Anlage auseinander. Ich habe mich schon häufiger gefragt, woher diese Annahme stammt. Vielleicht resultiert sie daraus, dass man Bitcoin mit Aktien vergleicht, die man – zumindest in der Vergangenheit – nur in ganzzahliger Stückzahl erwerben konnte. Diese Vorstellung wird noch dadurch verfestigt, dass Bitcoin in den Medien häufig als goldene Münze mit einem großen Bitcoin-„B" in der Mitte dargestellt wird. Aber eine solche Münze existiert in Wirklichkeit gar nicht. Bei Kryptowährungen spricht man außerdem häufig von Coins oder Token. Auch das vermittelt ein Bild von unteilbaren Einheiten. Aber Bitcoin ist teilbar, und zwar in 100.000.000 Satoshis. Und daher kannst du Teile von Bitcoin kaufen und besitzen.

Vielleicht hat auch dich der Bitcoin-Preis und der Eindruck „Einen Bitcoin kann ich mir sowieso nicht leisten" bisher davon abgehalten, dich damit überhaupt zu beschäftigen. Doch es sei dir hiermit noch mal deutlich gesagt: Es ist möglich, Bitcoin im Gegenwert von z. B. fünf Euro zu kaufen, was das Risiko drastisch reduziert.

Bitcoin ist teilbar. Du benötigst nicht viel Geld, um Bitcoin zu kaufen. Du musst nicht erst jahrelang sparen, um in Bitcoin zu investieren und du musst auch keine großen Risiken eingehen.

Die Teilbarkeit bringt sehr große Vorteile mit sich. So ermöglicht sie zum Beispiel Micro Payments, also Zahlungen im Cent-Bereich oder sogar in Bruchteilen von Cent. Solche Micro Payments können für völlig neue Geschäftsmodelle genutzt werden. Im Kapitel 8

„Mit Bitcoin bezahlen“ schauen wir uns diese Möglichkeiten von automatisierten Minizahlungen mit Bitcoin genauer an.

2. Bitcoin ist knapp

Für die allermeisten Investitionen gilt der Spruch, den André Kostolany, einer der berühmtesten Börsen- und Finanzexperten, geprägt hat: „Wenn du eine Straßenbahn verpasst, dann hat es keinen Zweck, ihr hinterherzurennen. Die nächste kommt gleich.“ Sprich: Wenn du nicht früh genug dran warst, um zum Beispiel Nvidia-Aktien zu kaufen, bevor der Kurs regelrecht explodiert ist, hast du immer noch Tausende andere Möglichkeiten, dein Geld gewinnbringend zu investieren. Du brauchst keiner verpassten Gelegenheit nachzutrauern, denn es gibt jeden Tag neue Gelegenheiten. Es sind eben nur andere.

Die Investition beziehungsweise das Gut, das hier eine Ausnahme bildet, ist Bitcoin. Denn Bitcoin ist einzigartig und knapp. Es gibt nichts Vergleichbares, kein anderes Gut, keinen anderen Coin, keine andere Technologie oder Währung, die mit Bitcoin gleichzusetzen wäre. Und auch die zahlreichen Kryptowährungen, die nach Bitcoin entstanden sind, sind nicht annähernd mit Bitcoin zu vergleichen (mehr dazu erfährst du im Kapitel 3 „Bitcoin, nicht Krypto“).

Begrenzte Menge

Bitcoin werden, wie bereits erläutert, über die Zeit „freigesetzt“, und es wird niemals mehr als 21 Millionen davon geben. Wie wir im vorangegangenen Kapitel gesehen haben, sind insgesamt mehr als 19,7 Millionen Bitcoin bereits erzeugt und an Besitzer verteilt. Dies entspricht 93,9 Prozent aller jemals verfügbaren Bitcoin. Die übrigen 6,1 Prozent werden in den nächsten knapp 120 Jahren freigesetzt und verteilt: 3,125 Prozent in den vier Jahren zwischen 2024 und 2028, weitere 1,5625 Prozent kommen zwischen 2028 und 2032 in die Welt. Zu diesem Zeitpunkt sind dann also 98,4375 Prozent aller Bitcoin bereits vorhanden. Alle Individuen und Institutionen, die Bitcoin besitzen oder nutzen möchten, teilen sich diese Menge: Miner, Einzelpersonen, Unternehmen, Banken und Investmentgesellschaften, Staaten und andere.

Es kommt sogar noch doller: Von den derzeit bereits erzeugten etwas mehr als 19,7 Millionen Bitcoin stehen schätzungsweise vier bis fünf Millionen gar nicht mehr zur Verfügung. Circa eine Million Bitcoin gehören Satoshi Nakamoto, wurden von ihm oder ihr erzeugt und sind auf seiner oder ihrer Blockchain-Adresse eingefroren. Außerdem vermutet man, dass weitere drei bis vier Millionen Bitcoin für immer verloren sind. Dies ist darauf zurückzuführen, dass frühere Besitzer oder Anwender von Bitcoin diese als eine Art Spielgeld angesehen haben. Als der Bitcoin-Preis noch bei wenigen Cent lag, es keine oder nur sehr wenige Anwendungsfälle gab, gingen die Besitzer oft nachlässig mit ihren Bitcoin um. So speicherten sie beispielsweise den Schlüssel auf einer Festplatte, die irgendwann entsorgt wurde. So wie vergessene Word-Dateien oder Fotos wurden die damals nahezu wertlosen Bitcoin mitsamt der Festplatte vernichtet. Bei einem heutigen Wert von mehr als 60.000 Euro pro Bitcoin würde man natürlich ganz andere Vorkehrungen treffen, um beispielsweise 100 Bitcoin zu verwahren. Einige Millionen Bitcoin sind also schlicht durch Schlamperei, Sorglosigkeit und Gleichgültigkeit verloren gegangen. Sie lagern auf Adressen, von denen ihre früheren Besitzer sie nicht mehr wegbewegen können. Das heißt, die Personen besitzen die

Bitcoin zwar immer noch auf den jeweiligen Adressen, aber sie besitzen keinen Schlüssel, um die Coins zu bewegen.

Es sind also nur ca. 14,7 bis 15,7 Millionen Bitcoin überhaupt verfügbar und über die Zeit werden es höchstens 17 Millionen sein.

Wenn man sich veranschaulicht, dass es laut *World Wealth Report* der Beratungsgesellschaft Capgemini im Jahr 2023 weltweit 22,8 Millionen US-Dollar-Millionäre gab[2], so stellt man schnell fest, dass es noch nicht einmal genügend Bitcoin gibt, damit jeder derzeitige Dollar-Millionär einen ganzen Bitcoin besitzen könnte.

- Würde man Bitcoin zu gleichen Teilen auf alle Menschen verteilen, so kämen 0,002625 Bitcoin auf jede Person.

- Beachten wir die bereits verloren gegangenen bis zu fünf Millionen Bitcoin, so wären es 0,002 Bitcoin pro derzeit lebender Person.

- Diese 0,002 Bitcoin beziehungsweise 200.000 Satoshis entsprechen heute in etwa 129 Euro (Stand Juni 2024).

Was will ich dir mit dieser ganzen Rechnerei sagen? Dass es bei Bitcoin entscheidend darauf ankommt, wie früh du dran bist. Ob du heute Bitcoin kaufst oder in einem Jahr oder in fünf Jahren, wird einen riesigen Unterschied machen. Es kann der Unterschied zwischen finanzieller Freiheit oder netter Geldanlage sein. Ob du hingegen heute, nächstes Jahr oder in fünf Jahren Nvidia-Aktien oder irgendeine andere vielversprechende Aktie, einen Fonds oder was auch immer kaufst, macht vielleicht ein paar Hundert Prozentpunkte aus. Vielleicht hast du riesiges Glück und deine Anlage verzehnfacht sich, aber es wird immer genügend andere Möglichkeiten geben. Du kannst zu jedem Zeitpunkt kaufen und verkaufen. Aktien können von Unternehmen zusätzlich ausgegeben werden, aber Bitcoin kommen nicht mehr hinzu, während die Nachfrage danach weltweit steigen wird.

Du wunderst dich vielleicht, warum ich so einfach behaupte, dass die Nachfrage nach Bitcoin weiter steigen wird. Die Sicherheit für diese Annahme schließe ich aus dem zu beobachtenden immer weiter wachsenden Nutzen, den Bitcoin weltweit zeigt. Mehr darüber erfährst du im Laufe der nächsten Kapitel.

3. Bitcoin kann nicht manipuliert werden

Wie wird eigentlich gewährleistet, dass nicht irgendjemand oder eine Gruppe daherkommt und beschließt, den Bitcoin-Code zu ändern, um mehr als 21 Millionen Bitcoin herzustellen? Und was würde passieren, wenn Miner falsche Transaktionen in die Blöcke schreiben würden? Warum sind in Bezug auf Bitcoin keine solchen betrügerischen Handlungen möglich?

Bitcoin ist so konstruiert, dass jeder Einzelne, der sich am Bitcoin-Netzwerk beteiligt, sei es, indem er selbst Bitcoin besitzt oder indem er Bitcoin mint, ein eigenes Interesse daran hat, dass die Struktur von Bitcoin genau so bleibt, wie sie ist. Da die Zustimmung des gesamten Netzwerks erforderlich ist und dieses besonders auf ehrliches Verhalten achtet, wird unehrliches Verhalten vom Netzwerk „bestraft" bzw. „läuft dieses ins Leere". Versucht zum Beispiel eine Person, ihre Bitcoin zeitgleich an verschiedene Personen auszugeben, also ein sogenanntes Double-spending zu betreiben, so identifizieren die Miner die zweite

Transaktion als ungültig und nehmen sie nicht in einen Block auf. Würde ein Miner falsche Transaktionen in einen Block aufnehmen, um sich selbst oder anderen einen Vorteil zu verschaffen, so würde der von ihm erstellte Block von allen anderen Netzwerkbeteiligten abgelehnt und er dürfte den Block nicht an die Blockchain anhängen. Die von ihm erbrachte Rechenleistung wäre verschwendet.

Manipulation lohnt sich nicht

Theoretisch könnte sich eine Mehrheit aller Miner weltweit zusammentun und gemeinsam Blöcke manipulieren. Sie müssten hierzu allerdings mehr als 51 Prozent der Rechenleistung des gesamten Netzwerks vereinen. Dies stellt eine millionenschwere Investition an benötigter Hardware und an Stromkosten dar. Würde diese Gruppe ihre teure Hardware und Rechenleistung dann einsetzen, um Blöcke zu manipulieren, anstatt ehrlich am Wettlauf um neue Blöcke teilzunehmen, würden die von ihnen durch die Manipulation ergatterten Bitcoin rasant an Wert verlieren und sie selbst Verluste in Höhe der eingesetzten Hardware und Rechenleistung erleiden, anstatt durch ehrliche Beteiligung am Netzwerk Aussicht auf die begehrten Rewards zu haben. Es ist also völlig unwirtschaftlich, Bitcoin manipulieren zu wollen.

Der Code von Bitcoin ist so designt, dass ehrliches Verhalten belohnt und unehrliches Verhalten bestraft wird.

Gleiches würde auch gelten, wenn eine Gruppe den Bitcoin-Code umschreiben und mehr als 21 Millionen zulassen würde. Denn jeder Teilnehmer im Bitcoin-Netzwerk entscheidet selbst, welche Software er verwendet. Wer selbst Bitcoin besitzt, hat keinen Anreiz, einen anderen Code zu verwenden, auf dem es beispielsweise maximal 42 Millionen Bitcoin geben könnte. Denn das würde ja bedeuten, dass die eigenen Bitcoin mit einem Schlag weniger wert wären. Wer hingegen die neue Software nutzt, akzeptiert die neuen Regeln. Eine solche Spaltung der Software beziehungsweise der Blockchain bezeichnet man als **Hard Fork**, also eine Gabelung der Blockchain.

Fortan würden zwei Blockchains existieren. Eine, in der die 21-Millionen-Obergrenze gilt, und eine, in der es maximal 42 Millionen Bitcoin geben wird. Nur dass die zweite Blockchain dann nicht mehr Bitcoin ist, sondern eine neue Kryptowährung wäre.

Tatsächlich gab es solche Hard Forks bereits in der Vergangenheit von Bitcoin, da man sich im Netzwerk nicht auf eine Veränderung der Regeln einigen konnte. Bitcoin selbst hat dies nicht geschadet. Denn die, die Bitcoin halten und minen, haben ein Interesse daran, durch ihre Beteiligung am Netzwerk und ihre Rechenleistung Bitcoin zu schützen und den Wert zu erhalten. Jeder Teilnehmer im Netzwerk, der egoistisch handelt, also den Wert seiner Bitcoin sichern möchte, handelt zum Wohle des gesamten Netzwerks. Die Einzelinteressen und das Gesamtinteresse sind gleichgerichtet. Die Teilnehmer müssen sich nicht vertrauen und auch nicht auf ein gemeinsames Interesse einigen. Der Code reguliert somit das Verhalten des Einzelnen und des gesamten Netzwerks.

To the moon – Bitcoins Wertentwicklung

Am 22. Mai 2010 tauschte der Softwareentwickler Laszlo Hanyecz 10.000 Bitcoin gegen zwei Pizzen: der weltweit erste Kauf, der in Bitcoin getätigt wurde. Zum ersten Mal in seiner Geschichte wurde Bitcoin als Geld eingesetzt. Dieser Kauf ging als „Bitcoin Pizza Day" in die Geschichte ein und wird von Bitcoinern weltweit jährlich gefeiert. Die beiden Pizzen hatten einen Wert von ca. 40 Dollar. Was bedeutet, dass Bitcoin in diesem Kauf ein Preis von 0,4 US-Cent pro Bitcoin zugeordnet wurde. 2011 erreichte der Bitcoin zum ersten Mal den Wert von einem Dollar. Er startete mit 13 Dollar ins Jahr 2013 und überschritt im Dezember desselben Jahres die 1.000-Dollar-Marke. In nur weiteren vier Jahren stieg der Wert auf ein All Time High von knapp 19.000 Dollar. In 2018 fiel der Kurs zunächst erheblich und blieb 2019 und 2020 deutlich unter seinem Höchststand aus 2017, um dann im November 2021 einen neuen Höchststand von knapp 69.000 Dollar zu erreichen. Auf ähnliche Weise setzte sich die Preisentwicklung fort, nur auf einem anderen Ausgangsniveau. So fiel der Preis ab Dezember 2021 und erreichte etwa im November 2022 einen neuen Tiefstand von nur noch 20.000 Dollar – ein Einbruch von mehr als 70 Prozent. Über das Jahr 2023 hinweg stieg der Kurs dann wieder kontinuierlich an und stand im Januar 2024 bei etwa 42.000 Dollar. Sodann begann der nächste Höhenflug. So erreichte der Bitcoin-Kurs im März 2024 seinen bis dahin höchsten Stand von mehr als 73.000 Dollar (68.000 Euro). Zusammengenommen hat sich Bitcoin von 2013 bis zum März 2024 versiebzigtausendfacht beziehungsweise seit 2010 verachtzehnmillionenfacht.

Wie bei allen Assets gilt natürlich, dass von der Wertentwicklung der Vergangenheit keinesfalls auf die Wertentwicklung in der Zukunft geschlossen werden darf. Natürlich kann es in Zukunft zu Ereignissen kommen, die die Kursentwicklung von Bitcoin negativ beeinflussen.

Die Prognosen renommierter Analysten weltweit sind bezüglich des weiteren Wachstums von Bitcoin allerdings sehr optimistisch. So prognostiziert beispielsweise Ark Invest CEO Cathie Wood einen Bitcoin-Kurs von 600.000 bis 1,5 Millionen Dollar bis 2030.[3]

Warum wird die zukünftige Wertentwicklung so positiv eingeschätzt?

Es sind das Zusammenspiel verschiedener Faktoren sowie die im vorangegangenen Abschnitt ausgeführten Eigenschaften von Bitcoin, die erwarten lassen, dass Millionen, wenn nicht gar Milliarden Menschen weltweit zukünftig Bitcoin besitzen möchten. Diese Zuversicht leitet sich aus dem zu beobachtenden immer weiter wachsenden Nutzen ab, den Bitcoin weltweit zeigt.

So verstehen immer mehr Menschen, dass Bitcoin ein alternatives Geldsystem ist, in dem sie ihr erspartes und erarbeitetes Geld anlegen können. In Ländern mit hoher Inflationsrate und instabilen Währungssystemen ist Bitcoin daher ein „sicherer Hafen“, um sich selbst vor Enteignung durch Werteverfall zu schützen. Aber auch in Ländern mit einem noch relativ stabilen Währungssystem, wie dem Euroraum oder den USA, erkennen immer mehr Menschen und auch Institutionen, dass es Sinn ergibt, Werte mindestens teilweise in Bitcoin zu speichern.

- So nutzen einige Bitcoin als Geldanlage, als Mittel zur Diversifizierung.

- Andere verwenden Bitcoin als Zahlungsmittel, als Wechselmedium, um über Ländergrenzen hinweg Geld zu transferieren, z. B. um es an Verwandte in weniger entwickelten Ländern zu schicken oder um Arbeitskräfte am anderen Ende der Welt für online erbrachte Dienstleistungen zu entlohnen.

- Staaten nutzen es als Reservewährung. El Salvador hat es als gesetzliches Zahlungsmittel eingeführt und in Lugano in der Schweiz kann man seine Steuern in Bitcoin zahlen.

- Noch dazu ist Bitcoin wohl das einzige Gut und die einzige Anlage, die man von überall auf der Welt kaufen, verkaufen und transferieren kann.

Mit jedem neu erdachten Service, jeder neuen App, jedem neuen Geschäftsmodell und mit den immer zahlreicheren Nutzern wachsen die Vorteile von Bitcoin. Immer mehr Menschen bringen ihre jeweiligen Fähigkeiten in den Bitcoin Space ein. Immer mehr Menschen erbringen Dienstleistungen, kreieren Produkte und lassen ihre Arbeitsleistung in Bitcoin entlohnen. Immer mehr Menschen benötigen zu immer mehr Zwecken und Anlässen Bitcoin.

Institutionelle Anleger

Aufgrund geltender Kapitalanlage- und Rechnungslegungsvorschriften ist es Unternehmen und institutionellen Anlegern bisher nicht oder nur eingeschränkt möglich, direkt in Bitcoin zu investieren. Auch organisatorisch ist es schwierig, wenn das Unternehmen die Bitcoin selbst halten muss.

Um institutionellen Anlegern ein Investment in Bitcoin zu erleichtern, wurden 2024 zuerst in den USA und dann in Hongkong eine Reihe von Bitcoin-Spot-ETFs eingeführt, also Finanzprodukte, die von einer Investmentgesellschaft aufgesetzt und herausgegeben werden. ETF steht hierbei für „Exchange Traded Fund" und meint einen börsengehandelten Fonds. „Spot-ETF" bedeutet, dass der Fonds nicht nur den Wert von Bitcoin nachbildet, sondern tatsächlich Bitcoin kauft. Ein Unternehmen oder eine Privatperson kann dann Anteile dieses Fonds kaufen. Rechtlich und buchhalterisch hält das Unternehmen bzw. die Privatperson Fondsanteile. Im Hintergrund erwirbt die den Fonds herausgebende Investmentgesellschaft vom eingenommenen Kapital Bitcoin und kümmert sich um deren Verwahrung beziehungsweise beauftragt einen Drittanbieter mit dieser Aufgabe. Die Bitcoin gehen niemals in den Besitz des Investors, also der Privatperson oder des Unternehmens, über. Ein Bitcoin-ETF funktioniert aus Anlegersicht genauso wie ein Aktien-ETF. Damit können viele Investoren und Privatpersonen besser umgehen und sie partizipieren dabei dennoch an der Wertentwicklung von Bitcoin. Aufgrund dieser Vorteile und da die Gruppe der möglichen Investoren riesig und vor allem sehr finanzstark ist, flossen allein in den USA seit Einführung der Bitcoin-Spot-ETFs im Februar 2024 mehr als 60 Milliarden Dollar (Stand Juli 2024) in diese Finanzprodukte. Da die Investmentgesellschaften aber echte Bitcoin kaufen mussten, um die verkauften ETF-Anteile mit Bitcoin zu hinterlegen, stieg die Nachfrage nach Bitcoin. Die zehn derzeit am US-Markt aktiven Bitcoin-ETF-Anbieter kauften bis Juli 2024 zusammen mehr als 900.000 Bitcoin.

Gleichzeitig ist das Angebot begrenzt und es kommen nur circa 450 Bitcoin pro Tag neu hinzu. Die ETF-Anbieter kaufen derzeit pro Tag mehr Bitcoin ein, als an einem Tag erzeugt werden. Die darüber hinaus benötigten Bitcoin müssen von bisherigen Besitzern abgekauft werden. Aber diese trennen sich nur zu einem entsprechend hohen Preis von ihren bisher angesparten Bitcoin. Daher ist zu erwarten, dass der Preis von Bitcoin auch weiterhin enorm ansteigen wird.

3. Bitcoin, nicht Krypto

Die entscheidenden Unterschiede zwischen Bitcoin und anderen Kryptowährungen

Häufig wird Bitcoin als die „Mutter aller Kryptowährungen" bezeichnet. Technisch gesehen ist das korrekt, denn die Bitcoin-Blockchain beziehungsweise das Bitcoin-Protokoll nutzt Kryptografie. Außerdem handelt es sich bei Bitcoin um eine Art Währung, ein digitales Geld.

Bitcoin unterscheidet sich grundlegend von allen anderen Kryptowährungen, sodass man nicht von Bitcoin als DER Kryptowährung sprechen, sondern vielmehr zwischen Bitcoin und Kryptowährungen unterscheiden muss.

Da der Bitcoin-Code Open Source, also für jedermann einsehbar, nutzbar und veränderbar ist, konnten aus der ursprünglichen Bitcoin-Blockchain zahllose Varianten, also alternative Blockchains, entstehen. Du wunderst dich jetzt vielleicht, dass der Bitcoin-Code, der auf einem Rechner läuft, von jedermann abgeändert werden kann. Das geht zwar problemlos. Es ist dann eben nur nicht mehr der Bitcoin-Code. Und die Coins auf dieser neu entstehenden Chain sind keine Bitcoin. Das Bitcoin-Netzwerk und die Bitcoin-Miner werden diese neue Chain nicht als Bitcoin-Blockchain akzeptieren.

Ich möchte dies an einem Beispiel verdeutlichen. Wenn Spieler an einem Schachturnier teilnehmen, dann spielen alle dort Schach nach den allgemeingültigen Schachregeln. Denkt sich bei unserem Schachturnier ein Spieler andere Regeln aus, beispielsweise dass man vor jedem Zug erst einmal würfeln muss, um zu ermitteln, wie weit eine Figur ziehen darf, oder dass der König zwei Felder weit gerückt werden darf, so wird er vom Turnier ausgeschlossen. Kein echter Schachspieler wird mit ihm spielen wollen. Andererseits steht es natürlich jedem Spieler frei, sich diesem alternativen Spiel mit den neu erfundenen Regeln anzuschließen. Hierdurch entsteht vielleicht ein neues Turnier, das sich aber um ein anderes Spiel dreht, nicht um Schach.

Gleiches gilt für die Bitcoin-Blockchain und deren Regeln. Wer sich neue Regeln ausdenkt und im Code implementiert, erzeugt hiermit eine alternative Blockchain, mit einem alternativen Coin, weswegen man diese Währungen auch als **Altcoins** bezeichnet. Und jeder Rechner, jede Node, die sich dem Netzwerk anschließt, ist frei darin, dies zu tun. So entstanden in den letzten 15 Jahren mehrere Tausend alternative Coins, sie weisen jeweils eigene Eigenschaften auf. Immer mal wieder taucht die ein oder andere Kryptowährung auf und verspricht, besser als Bitcoin zu sein, schneller oder umweltfreundlicher. Einige Coins sind an ganz bestimmte Geschäftsprozesse, Projekte oder Vorhaben gekoppelt. So stellen manche eine Art Crowdfunding, z. B. zur Finanzierung von Schulen in Afrika, dar. Andere werden durch den Einsatz bestimmter Apps erworben und können nur dort für bestimmte Zwecke eingesetzt werden.

Vorsicht ist geboten!

Leider gibt es bei sehr vielen Kryptowährungen einen Haken. Bei einigen dieser Kryptoprojekte – wenn auch nicht bei allen – handelt es sich schlicht und ergreifend um einen **Scam**, also eine Abzockermasche. Wie läuft das in der Regel ab? Die Erfinder der Coins, also die Ersteller der Blockchain, erzeugen Coins auf der eigenen Blockchain. Sehr häufig erzeugen sie zu Beginn erst einmal einen ganzen Haufen Coins, bevor sich andere an ihrer Blockchain beteiligen oder die Coins erwerben können. Die Coins werden dann zum Kauf angeboten, meist begleitet durch riesige Marketingaktivitäten. Gibt es dann noch Gerüchte über solvente Investoren, die in das Kryptoprojekt einsteigen wollen, geht der Kurs rasch nach oben. Immer mehr Personen springen auf den fahrenden Zug auf, in der Hoffnung, schnell das große Geld zu machen. Werfen die Besitzer der Blockchain dann ihre Coins auf den Markt, können sie in der Regel hohe Gewinne einfahren, während das plötzliche hohe Angebot an zum Verkauf stehenden Coins zum Preiseinbruch führt. Unter Umständen kommt es zum totalen Zusammenbruch der Währung.

In dieser Hinsicht ähnelt eine Kryptowährung ein wenig dem Geldschein im Kinderkaufladen. Mit echtem Geld erwirbt der Käufer einer Kryptowährung eine erfundene Währung. In der Regel ist es so, dass es keine Vorschriften und keine Begrenzungen der Coin-Erzeugung gibt. Anders als bei Bitcoin, bei dem im Durchschnitt alle zehn Minuten 3,125 neue Bitcoin freigesetzt werden und die Gesamtmenge auf 21 Millionen begrenzt ist, können in der alternativen Blockchain beliebig viele Coins erzeugt werden. Außerdem gibt es keinen Proof of Work, sodass neue Coins relativ einfach von den „Besitzern" der Blockchain erzeugt und ausgegeben werden können.

Ist das Netzwerk noch dazu nicht wirklich dezentral, sondern auf einigen wenigen Rechnern verteilt, so können sich diese entweder untereinander abstimmen oder zu Konsortien mit einem gemeinsamen Interesse zusammenschließen.

System ohne Kopf

Die Erfindung eines echten dezentralen Netzwerkes und eines Internetgeldes, das keiner zentralen Instanz bedarf, um zu existieren, musste unter Ausschluss einer großen öffentlichen Wahrnehmung passieren. Satoshi konnte Bitcoin in Ruhe entwickeln und gemeinsam mit ein paar Computer-Nerds, die bereit waren, seinen Code zu challengen, weiterentwickeln. Still und mehr oder weniger im Verborgenen konnte das Bitcoin-Netzwerk entstehen, seine Kinderkrankheiten überwinden und wachsen. Und als es robust genug war, um zu überleben, hat sein Schöpfer sich von der Bildfläche verabschiedet. Dementsprechend gibt es bei Bitcoin keinen Kopf, keinen Chef, keinen CEO. Dies ist ebenfalls ein entscheidender Unterschied zwischen Bitcoin und Kryptoprojekten. Kryptowährungen wie Ethereum und die dazugehörige Ethereum-Blockchain haben einen Chef. Bei Ethereum ist das die *Ethereum Foundation*, deren Vorsitzender der Gründer Vitalik Buterin ist. Dieser hält selbst entscheidende Anteile an Ethereum und hat großen Einfluss auf das Projekt. Wäre Ethereum beispielsweise einem Staat ein Dorn im Auge und dieser würde Vorwürfe gegen Buterin erheben, könnte durch politische Repressalien Einfluss auf Buterin und somit letztendlich auf Ethereum genommen werden. Auch Großinvestoren könnten auf Ethereum einwirken.

Bei Bitcoin hingegen haben Investoren keine Stimmrechte. Es ist unerheblich, wie viele Bitcoin einzelne Instanzen, wie z. B.

Investmentgesellschaften, halten. Sie haben durch den Besitz **keinen Einfluss auf den Mining-Prozess oder Code** von Bitcoin. Anders hingegen bei Ethereum. Dadurch, dass Ethereum auf dem Konsensmechanismus Proof of Stake (zu Deutsch: Anspruchs- oder Anteilsnachweis) beruht, anstatt wie Bitcoin auf Proof of Work, hat derjenige Einfluss auf die Ethereum-Blockchain, der über einen großen Stake, also eine große Ansammlung von Ether, verfügt. Große Investoren könnten also ebenfalls Einfluss auf Ether ausüben und Ethereum sowie seine Regeln verändern. In der Bitcoin-Blockchain ist dies nicht möglich. Selbst wenn Satoshi höchstpersönlich zurückkehren und die Bitcoin aus den von ihm oder ihr geminten Blöcken nutzen würde, so wäre er oder sie zwar sehr, sehr reich, aber selbst Satoshi könnte den Bitcoin-Code nicht verändern.

Proof of Work, die Entstehung im Verborgenen und die Etablierung eines echt dezentralen weltweiten Netzwerks sind die speziellen Zutaten, die Bitcoin einzigartig und nicht nachahmbar machen und durch die es sich grundlegend von Kryptowährungen unterscheidet.

4. Risiken und Kritik

In den Medien steht Bitcoin häufig in der Kritik. Es ist dann die Rede davon, dass Bitcoin für kriminelle Machenschaften, insbesondere zur Geldwäsche, genutzt würde, dass Bitcoin kostbare Energie verschwende und deshalb dem Klima schade. Immer wieder, wenn der Bitcoin-Preis einbricht – und wir haben im Abschnitt „To the moon“ in Kapitel 2 gesehen, dass dies in der Vergangenheit häufig der Fall war –, wird Bitcoin totgesagt. Außerdem hast du sicherlich schon von Schreckensgeschichten gehört, in denen Menschen erhebliche Summen durch Bitcoin verloren haben, und bist vielleicht selbst schon zu dem Schluss gekommen, dass eine Investition in Bitcoin viel zu riskant ist.

Im Folgenden schauen wir uns gemeinsam an, was dran ist an der Kritik und welche Risiken ein Bitcoin-Kauf mit sich bringt.

Bitcoin und seine Volatilität

Für eine Eigenschaft steht Bitcoin besonders häufig in der Kritik – für seine **Volatilität**. Was bedeutet das? Der Wert von Bitcoin schwankt sehr stark, vor allem wenn man sich nur ein kurzes Zeitintervall anschaut. In der Regel gibt es Sprünge um einige Hundert, manchmal sogar ein paar Tausend Euro pro Tag nach oben. Genauso fällt der Preis auch gerne mal ein oder mehrere Tausend

Euro innerhalb von Stunden. Dies sorgt für Misstrauen und Unsicherheit bei vielen Einsteigern.

Beobachtet man den Preis zum Beispiel auf einer täglichen Basis, so geht es hier ganz schön rund und Anleger müssen gute Nerven haben. Auch in mittelfristigen Zeitspannen von ein bis drei Jahren betrachtet, kann der Eindruck entstehen, als wäre eine Bitcoin-Investition ein reines Glücksspiel. Und tatsächlich ist Bitcoin durchaus eine riskante Geldanlage, insbesondere wenn das investierte Kapital kurzfristig wieder benötigt wird. Denn Bitcoin hat das Potenzial, sich innerhalb kürzester Zeit im Wert zu verdoppeln, aber auch zu halbieren. Regelmäßig wird Bitcoin daher von den Medien totgesagt. So titelte etwa die *Süddeutsche Zeitung* am 4. Dezember 2018: „Ein Jahr nach dem Hype – Bitcoin ist klinisch tot“[4], und das *Handelsblatt* schrieb am 21. November 2022: „Bitcoin ist auf dem Weg in die Irrelevanz“[5]. Verunsicherte Anleger verkaufen dann häufig panisch ihre Bitcoin-Bestände und realisieren – also erleiden – dadurch hohe Verluste.

Hier ein Beispiel:

- Der Kurs von Bitcoin lag im November 2020 bei 16.500 Euro,
- stieg bis November 2021 auf seinen bis dahin höchsten Stand von 59.500 Euro an,
- um anschließend bis Dezember 2022 auf 15.400 Euro einzubrechen.
- Wer in 2020 eingestiegen ist, hat also bis November 2021 260 Prozent Gewinn erzielt, um dann bis Dezember 2022 wiederum 74 Prozent Verlust zu erleiden.

- Hat man also in 2021 verkauft, konnte man hohe Gewinne realisieren. Hat man gehalten, so hat man mit seinem Bitcoin-Investment über die gesamte Zeitspanne betrachtet einen Verlust von sieben Prozent erlitten.
- Einen Monat später, im Januar 2023, als der Preis auf 22.000 Euro stieg, war das Investment dann bereits wieder mit über 30 Prozent positiv.
- Ganz anders sieht es allerdings aus, wenn man erst 2021, schlimmstenfalls zum damaligen Allzeithoch im November 2021, investiert hat. Diese Investition war bis März 2024 negativ.
- Hat man dann aus Panik den Bitcoin-Bestand liquidiert, so hat man im schlimmsten Fall, bei Verkauf zum Beispiel im Dezember 2022, drei Viertel der investierten Summe verloren.

Der Preis schwankt also sehr stark und daher können über kurze Zeiträume hohe Gewinne eingefahren oder erhebliche Verluste erlitten werden. Setzt man auf Bitcoin, um schnell reich zu werden, so kann es sein, dass man ganz schnell arm wird. Es ist sehr risikoreich, kurzfristig in Bitcoin zu investieren oder Geld einzusetzen, das man zu einem bestimmten Zeitpunkt in naher bis mittelfristiger Zukunft zwingend benötigt. Denn wann sich Bitcoin wie entwickelt, ist nicht vorhersagbar.

Risiko reduzieren

Daher solltest du nie große Beträge auf einmal investieren, sondern eher nach und nach in kleinen Raten Bitcoin kaufen. Am besten eignet sich ein monatlicher Sparplan. Über einen längeren Zeitraum profitierst du dabei sogar von den Kursschwankungen. **Dollar-Cost-Average-Strategie** nennt man die Herangehensweise, durch kontinuierliches Investieren letztlich einen Durchschnittspreis zu zahlen.

Kauft man beispielsweise zu jedem Monatsersten für 100 Euro Bitcoin, so profitiert man von kurzfristigen Kurseinbrüchen, da dann größere Anteile von Bitcoin für den Gegenwert von 100 Euro eingesammelt werden.

Bei steigendem Kurs verringert sich dann zwar die Anzahl an Satoshis pro 100 Euro Sparrate, dafür steigt aber der Wert des Gesamtinvestments. Wird per Sparplan beziehungsweise kontinuierlich in Bitcoin investiert und dann über lange Zeit gehalten, so war jedes Bitcoin-Investment in der Vergangenheit immer rentabel. Denn auch wenn der Kurs sehr schwankt, so ging der Wert über die Gesamtlaufzeit oder auch in zum Beispiel Drei- bis Vier-Jahres-Intervallen betrachtet immer nach oben. Daher lautet ein beliebtes Sprichwort unter Bitcoinern: **„When in doubt, zoom out.“** Das bedeutet: „Wenn du zweifelst, dann schaue auf das große Ganze.“ Dabei beziehen sie sich auf die Grafik des Kursverlaufs seit 2010. Denn betrachtet man den gesamten Verlauf (vgl. Abbildung 1), so ist Bitcoin erheblich im Wert gestiegen, tatsächlich so stark wie kein anderes Asset überhaupt. Das bedeutet, keine Aktie, kein ETF, kein Rohstoff-Investment war bezogen auf die letzten 15 Jahre rentabler als Bitcoin.

Andererseits gilt für Bitcoin genauso wie für alle anderen Assets dieser Welt, dass eine Kursentwicklung der Vergangenheit keine verlässliche Quelle für zukünftige Kursentwicklungen ist. **Zukünftige Kursentwicklungen lassen sich nicht prognostizieren. Mit keinem Modell der Welt.**

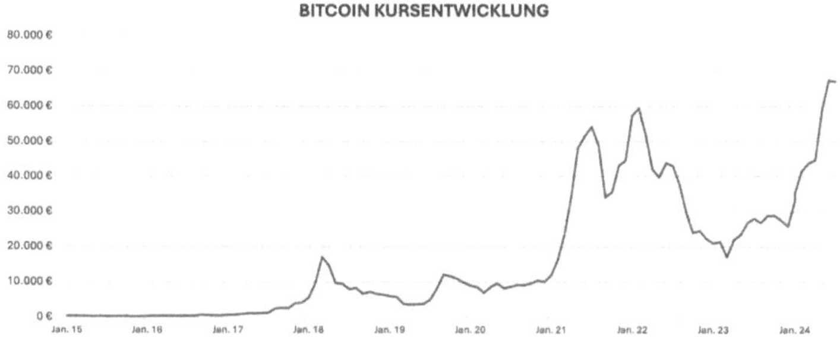

Abbildung 1: Bitcoin-Preis vom 01.01.2015 bis zum 01.07.2024 (jeweils monatlicher Höchststand)

Woher stammt die Volatilität?

Für Kursschwankungen mit Ausschlägen nach unten oder oben gibt es viele Gründe. Die Volatilität am Markt resultiert aus der Veränderung von Angebot und Nachfrage und diese wiederum ergibt sich aus einer Vielzahl an Faktoren: wirtschaftliche Ereignisse wie Zinsänderungen, regulatorische Entscheidungen von Regierungen sowie individuelle Ereignisse. Ein Kurs ergibt sich aus dem Zusammentreffen von Angebot und Nachfrage. Sinkt die Nachfrage bei gleichem Angebot, so sinkt der Preis.

Im Jahr 2022 beispielsweise stieg in Deutschland und Europa, aber auch in den USA die Inflation. Um dieser entgegenzuwirken, hoben die Europäische Zentralbank sowie die Federal Bank of Reserve (Amerikanische Zentralbank) die Zinsen mehrfach erheblich an. Höhere Zinsen bewirken einerseits, dass weniger Geld in Form von Krediten ausgegeben wird. Die Menge an vorhandenem Geld wird dadurch zurückgefahren. Dementsprechend steht weniger Geld für Investitionen zur Verfügung. Andererseits werden bei steigenden Zinsen Geldanlagen in festverzinsliche Anleihen wieder attraktiver. Weniger risikofreudige Anleger gehen dann eher in diese weniger riskanten Anleihen, wodurch die Nachfrage nach Anlagemöglichkeiten wie Bitcoin ebenfalls sinkt.

Auch sinkt die Nachfrage nach einer Anlage, wenn die Anleger ängstlich sind und das mit der Anlage zusammenhängende Risiko als zu hoch einschätzen. Dies ist zum Beispiel der Fall, wenn durch einzelne negative Vorfälle das Vertrauen in eine Anlage sinkt. Auch solche Ereignisse hatten in der Vergangenheit Einfluss auf die Kursentwicklung von Bitcoin. Ein Ereignis in der jüngeren Vergangenheit war die Insolvenz der Kryptobörse FTX im November 2022. Tausende Kunden verloren dadurch ihre Ersparnisse, die sie in Form von Bitcoin und anderen Kryptowährungen bei dieser Börse erworben und von dieser hatten verwahren lassen. Der Crash von FTX war zwar auf unlautere Methoden der Kryptobörse beziehungsweise von deren Verantwortlichen zurückzuführen und hatte nichts mit Bitcoin selbst zu tun, dennoch lösten die Meldungen, der Medienrummel und die hohen erlittenen Verluste der FTX-Kunden, darunter auch zahlreiche Prominente, eine allgemeine Panik und Abverkaufswelle aus. Der Preis von Bitcoin stürzte ab und erholte sich nur langsam über die nächsten Monate.

Steigende Nachfrage erhöht den Preis

Im umgekehrten Fall erhöht eine steigende Nachfrage bei gleichbleibendem Angebot den Preis. Dieser Zusammenhang konnte ab Februar 2024 sehr deutlich beobachtet werden. Am 10. Februar 2024 genehmigte die amerikanische Finanzaufsicht SEC elf Bitcoin-Spot-ETFs. Mit der Einführung der ETFs wurde es, wie bereits erläutert, insbesondere institutionellen Anlegern wie Unternehmen, Stiftungen und Pensionskassen ermöglicht, Bitcoin indirekt zu erwerben und an dessen Wertentwicklung zu partizipieren. Mit der Einführung der ETF floss also mit einem Schlag eine erhebliche Menge Geld in Bitcoin. Allein der größte Anbieter *BlackRock* kaufte innerhalb der ersten neun Wochen 196.088 Bitcoin (im Wert von mehr als 15 Milliarden Dollar). An einigen Handelstagen kauften die Investmentgesellschaften für ihre ETFs zusammen mehr Bitcoin, als am jeweiligen Tag neu erzeugt wurden. Diese extrem steigende Nachfrage sorgte für einen starken Kursanstieg. Tatsächlich wurden ab Anfang März 2024 an mehreren aufeinanderfolgenden Tagen All Time Highs erzielt. Das heißt, der Kurs stieg auf nie zuvor da gewesene Höhen.

Risiko von Blasen

Andererseits können solche Preisanstiege aufgrund gestiegener Nachfrage auch zu Übertreibungen und dadurch zum Entstehen von Blasen (Bubbles) führen. Ähnlich wie auf dem Aktienmarkt, beispielsweise in der Dotcom-Blase kurz nach der Jahrtausendwende oder der Immobilienblase 2008, kann es sein, dass die Kurse, ausgelöst durch einen Hype, zu stark steigen. Wenn aufgrund imposanter Schlagzeilen eine Art Goldgräberstimmung ausbricht und selbst Personen mit normalerweise niedriger Risikobereitschaft das Bedürfnis haben, auf den fahrenden Zug aufzuspringen und in ein solch gehyptes Asset zu investieren, entsteht eine riskante Situation. Denn es kann dann gut sein, dass mit einem Schlag der Kurs abrupt korrigiert, also einen Rückgang erfährt und sich auf einem realistischen Niveau einpendelt. Die zum überhöhten Preis getätigten Investitionen fallen dann wie ein Kartenhaus in sich zusammen und Anleger erleiden hohe Verluste. In der Vergangenheit ist dies schon häufiger passiert und solche Einbrüche werden sich in der Zukunft sicherlich wiederholen. Ganz essenziell ist es deshalb, wie zuvor bereits betont, kein Geld in Bitcoin zu investieren, das in naher oder mittelfristiger Zukunft in einer bestimmten Höhe sicher gebraucht wird. Und zum anderen ist es wichtig, Nerven zu bewahren, bei einem Kurseinbruch nicht zu verzweifeln und schon gar nicht panisch zu verkaufen.

Fassen wir also zusammen: Der Kurs von Bitcoin schwankt erheblich und ging über den Gesamtverlauf deutlich nach oben. Daher ist es klüger, kontinuierlich zu investieren als in Einmalbeträgen.

Investiere kein Geld in Bitcoin, das du zu einem fixen Zeitpunkt in der nahen oder mittelfristigen Zukunft zwingend benötigst. Denn es lässt sich nicht vorhersagen, wann dein Bitcoin-Investment (wieder) positiv sein wird.

Mythos oder Realität: Bitcoin als Geld für Kriminelle?

Wenn ich jemandem erzähle, dass ich mich viel mit Bitcoin beschäftige, ernte ich häufig verwunderte Reaktionen. Personen, die noch wenig Berührungspunkte mit Bitcoin hatten und nur ab und an mal Nachrichtenschlagzeilen dazu gehört oder gelesen haben, betrachten Bitcoin immer noch mit großer Skepsis. Viele Menschen assoziieren damit gar etwas Verbotenes, nicht Rechtmäßiges. Gerade weil Bitcoin ohne Erlaubnis einer offiziellen, zentralen Instanz wie einem Staat entstanden ist, sondern sich organisch entwickelt hat, fehlt ihm in der Wahrnehmung der großen Mehrheit eine gewisse Legitimation.

Noch dazu ist die Nutzung von Bitcoin – wie von Bargeld – möglich, ohne größere Datenspuren zu hinterlassen. Wobei hier angemerkt sei, dass Bitcoin nicht anonym, sondern **pseudonym** ist. Da Bitcoin auf der Blockchain von Adresse zu Adresse transferiert werden, ist ein Besitzer oder Nutzer von Bitcoin zwar nicht namentlich bekannt, doch seine **Public Address** ist für immer in die Blockchain geschrieben und kann von jedermann eingesehen werden. Wird bekannt, wem eine Adresse gehört, so können alle darüber gelaufenen Bitcoin-Transaktionen nachvollzogen werden. Andererseits müssen keine persönlichen Daten angegeben werden, um Bitcoin zu nutzen. Aus diesem Grund wurde Bitcoin in der Vergangenheit – insbesondere in seinen Anfangszeiten, als noch kein größeres öffentliches Augenmerk auf der Bitcoin-Blockchain lag – auch für kriminelle Geschäfte genutzt, so wurde etwa Geld aus illegalen Geschäften in Bitcoin transferiert und somit sicher versteckt. Projekte wie die *Silkroad* – ein Online-Schwarzmarkt im Darknet – nutzten bewusst Bitcoin als Zahlungsmittel, um Drogen, gestohlene Waren oder Dienste von Hackern zu bezahlen. Ja, mit Bitcoin können auch illegale Dienstleistungen und Waren bezahlt werden. Allerdings mit dem „Haken“, dass die getätigte Transaktion für immer auf der Blockchain dokumentiert ist. Bargeld ist also weiterhin wesentlich besser für illegale Geschäfte geeignet als Bitcoin. Dies gilt für den Dollar, den Euro wie den Yen.

Bargeld und Bitcoin sind zunächst nur ein Medium zum Speichern und Austausch von Werten. Völlig neutral. Wie ein Messer zum Schneiden von Zwiebeln genutzt werden kann, kann es genauso jemanden verletzen. Die Motivation des Nutzers ist entscheidend. Das Messer ist weder gut noch böse. Insbesondere kann es aber in vielen Situationen einen entscheidenden Nutzen für denjenigen liefern, der es verwendet. Genauso ist es mit Bitcoin. Bitcoin liefert hier einen sehr revolutionären Ansatz, indem es jeder Person auf der ganzen Welt gleichermaßen zur Verfügung steht. Bitcoin diskriminiert nicht. Es schränkt den Nutzen nicht auf ausgewählte, begünstigte Personenkreise ein. Es schließt niemanden aus. Bitcoin kann von jedem Menschen jederzeit genutzt werden, ohne Erlaubnis.

Inzwischen gibt es regelmäßige Analysen und Reports zum Gebrauch von Bitcoin. Und diese zeigen seit Jahren, dass der Anteil an Transaktionen, bei denen Bitcoin zu konstruktiven und ehrbaren Zwecken eingesetzt wird, kontinuierlich wächst. Und tatsächlich machen diese den allergrößten Teil, nämlich mehr als 99 Prozent aller Transaktionen, aus. Jährliche Analysen des Blockchain-Analyseunternehmens *Chainalysis* zeigen, dass weniger als ein Prozent aller Bitcoin-Transaktionen mit kriminellen Geschäften in Verbindung stehen.[6]

Entgegen der weitverbreiteten Annahme ist Bitcoin mit seiner transparenten Blockchain bei Weitem schlechter für kriminelle Machenschaften geeignet und wird nicht annähernd so viel von Kriminellen genutzt wie Bargeld oder auch Giralgeld (auf einem Konto).

Bitcoins Energieverbrauch: Bug oder Feature?

Bitcoin, genauer gesagt das Bitcoin-Mining, benötigt viel Energie. Eine einzelne Bitcoin-Transaktion hingegen kann mit dem Versand einer E-Mail verglichen werden: So wie dein E-Mail-Programm eine

E-Mail versendet, löst ein Wallet eine Transaktion aus. Bei einer Transaktion werden Bitcoin von einer Adresse auf eine andere gesendet. Die Nodes, also alle Rechner, die dem Bitcoin-Netzwerk angehören, verifizieren diese Transaktion. Sie prüfen, ob die Bitcoin, die versendet werden sollen, auf der Senderadresse vorhanden sind, nicht bereits in einer anderen Transaktion ausgegeben wurden und ob die mitgelieferte Signatur zu der Adresse gehört, von der aus die Bitcoin versendet werden sollen. Diese Signatur bestätigt, dass der Absender den Private Key, also den geheimen Schlüssel, und damit die Berechtigung besitzt, über die Bitcoin zu verfügen. Die Transaktion zu erstellen, zu senden und sie auch zu prüfen, ist rechnerisch, also bezüglich der Rechnerleistung, sehr einfach und benötigt kaum Energie. Die Transaktionen des Bitcoin-Netzwerkes in Blöcke zu packen und gültige Blöcke der Blockchain anzuhängen, das Mining, ist hingegen ein sehr, sehr rechenintensiver und damit energieintensiver Prozess.

Im Abschnitt „Wie kommen neue Bitcoin in die Welt?“ in Kapitel 2 hast du bereits erfahren, dass beim Mining sehr leistungsstarke Rechner beziehungsweise ganze Rechenzentren in einem Wettbewerb gegeneinander antreten. Wer zuerst eine gültige Lösung berechnet, erstellt hiermit einen gültigen Block. Beim Wettrechnen um einen gültigen Block handelt es sich nicht um eine komplexe oder besonders komplizierte Rechenoperation, sondern um einen Try-and-Error-Prozess. Es geht darum, so schnell wie möglich Noncen auszuprobieren, bis das Ergebnis gültig ist.

Daher ist es entscheidend, möglichst viele Hash-Berechnungen durchführen zu können. Es handelt sich beim Bitcoin-Mining also um einen Wettbewerb im Schnell-Hashen. Letztlich ist es ein Zufallsprozess, eine Nonce zu wählen, die zu einem gültigen

Ergebnis führt. Die Wahrscheinlichkeit, ein gültiges Ergebnis zu erzielen, erhöht sich, je mehr Berechnungen durchgeführt werden.

> Das Prinzip ist vergleichbar mit dem Wurf eines Würfels. Treten zwei Spieler gegeneinander an mit dem Ziel, mit einem Würfel eine Zahl kleiner als drei zu würfeln, so hat jeder Würfelwurf die Wahrscheinlichkeit von einem Drittel, gültig zu sein. Denn wird eine Eins oder eine Zwei gewürfelt, so ist der Wurf gültig. Eine Drei, Vier, Fünf oder Sechs wird hingegen verworfen. Es ist nicht absehbar, wann eine Eins oder eine Zwei gewürfelt werden, aber je häufiger beziehungsweise je schneller die Spieler würfeln, desto eher kann ein gültiges Ergebnis erreicht werden.

Es muss Energie in der realen Welt in Form von Hardware und Strom eingesetzt werden, um gültige Blöcke zu erzeugen. Wäre weniger Rechenleistung erforderlich, so könnte ein besonders leistungsstarker Miner die Blockchain manipulieren, indem er zum Beispiel die letzten beiden Blöcke der Blockchain umschreibt, die Noncen dazu bestimmt, sodass diese Blöcke wieder gültig sind, und einen weiteren gültigen Block anhängt. Der Miner müsste alleine in der gleichen Zeit drei Blöcke finden, die die übrigen Miner benötigen, um einen Block zu finden. Denn es wird stets die längste gültige Kette von Blöcken an die Blockchain angehängt beziehungsweise die Kette, in die die meiste Rechenleistung geflossen ist. Es gibt keine so großen Unterschiede in der Hardware weltweit, dass solche Leistungsunterschiede möglich wären.

Und dies ist der Grund, warum Proof-of-Work essenziell ist, um eine Blockchain sicher zu machen.

Andere Blockchains, wie z. B. Ethereum oder Solana, werben damit, dass ihr Mechanismus Proof-of-Stake umweltfreundlicher, weil weniger energieintensiv sei. Allerdings geht dieser auch mit geringerer Sicherheit und der Gefahr einher, dass die Blockchain manipuliert werden kann.

> *Bitcoins Proof-of-Work ist also ein entscheidendes Feature, das nicht verändert werden kann oder darf. Und somit wird Bitcoin-Mining weiterhin energieintensiv bleiben.*

Kein Wunder also, dass Kritiker Bitcoins Energieverbrauch anprangern oder Bitcoin auf den ersten Blick als umweltschädlich wahrgenommen wird.

Nicht jeder Stromverbrauch schadet der Umwelt

Doch was bedeutet energieintensiv eigentlich? Ist ein hoher Stromverbrauch per se etwas Schlechtes und Umweltschädliches? Ob Stromverbrauch umweltschädlich ist, hängt ja zunächst davon ab, wie dieser Strom erzeugt wird. Strom, gewonnen aus Kohle oder anderen fossilen Brennstoffen, ist sicherlich umweltschädlich. Strom, der durch erneuerbare Energien wie Windräder oder Solarparks gewonnen wird, ist häufig im Überfluss vorhanden. Es hat keine Auswirkungen auf die Umwelt, ob ein Windrad 24/7 läuft oder zwischenzeitlich stillsteht. Da Bitcoin-Mining auf der ganzen Welt betrieben wird, können Miner sich nur dann wirtschaftlich sinnvoll am Wettbewerb beteiligen, wenn sie günstigen Strom nutzen. Es ergibt keinen Sinn, mehr Geld für Hardware und Strom auszugeben, als durch das Mining in Form von Blockbelohnungen und Transaktionsgebühren verdient wird. Andernfalls wäre Mining unwirtschaftlich und die Miner würden besser Bitcoin kaufen, anstatt sie selbst durch Mining zu verdienen. Daher suchen Miner weltweit nach günstigen Stromquellen. Und Strom ist für gewöhnlich dann günstig, wenn er ausreichend oder im Überfluss vorhanden ist. In gewisser Weise kann man sich Mining daher auch als Prozess vorstellen, bei dem durch Rechenleistung Strom in einen Wert in Form von Bitcoin umgewandelt wird. Während Strom nicht besonders gut transportiert werden kann, ermöglicht Mining, dass er direkt dort verwendet wird, wo er entsteht. Im Gegensatz zum Strom sind die dabei geminten Bitcoin sehr einfach zu transportieren. Es entsteht ein Wert auf der Blockchain, der jederzeit auf eine beliebige Adresse geschickt werden kann, von der Nordsee nach Bayern, von der Sahara an den Nordpol. Bitcoin-Miner können ortsunabhängig eingesetzt werden. Sie benötigen wenig Platz und sind transportabel. Anders als andere energieintensive Industrien wie beispielsweise Stahlwerke können sie nahezu aus dem Stand eingeschaltet und genauso schnell abgeschaltet werden. Dementsprechend kann immer dann gemint werden, wenn Strom nicht für andere Zwecke benötigt wird.

Mining nur bei Stromüberschuss

So gibt es zahlreiche Projekte, bei denen Bitcoin-Mining sogenannte **Stranded Energy**, also Energie, die andernfalls nicht genutzt werden würde, verwendet. Gerade Wind- und Solaranlagen erzeugen je nach Wetterlage zeitweise mehr Energie, als benötigt wird. Miner können diese überschüssige Energie abnehmen und tragen damit auch zu einer Stabilisierung der Stromnetze bei. Wird der Strom anderweitig benötigt, werden die Miner abgeschaltet. Auf diese Weise setzt Texas heute bereits Bitcoin-Mining ein, um das Stromnetz zu stabilisieren: Wird im Winter übermäßig viel Strom benötigt, um zu heizen, beziehungsweise im heißen Sommer, um Klimaanlagen zu betreiben, so gehen die Miner vom Netz. Zu Zeiten, in denen die Klimaanlagen oder Heizungen weniger verwendet werden, fahren sie hoch und nehmen den überschüssigen Strom ab.

Dadurch, dass Bitcoin-Mining sehr flexibel genutzt werden kann, um überschüssigen Strom abzunehmen oder bei geringer Marktnachfrage einen ökonomischen Mehrwert zu generieren, kann es auch dazu eingesetzt werden, Anreize für den Ausbau erneuerbarer Energien zu schaffen.

In Gegenden, in denen nicht von Anfang an genügend Abnehmer für Energie vorhanden sind, können Container voller Miner dazu eingesetzt werden, den Aufbau eines Solar- oder Windparks mitzufinanzieren. Die Miner nehmen den Strom günstig ab, bis weitere Abnehmer dazustoßen. Sind die Anlagen genügend ausgelastet, ziehen die Miner weiter.

Darüber hinaus gibt es Ansätze, den Strom fürs Bitcoin-Mining aus der Verbrennung von Methan zu gewinnen. Methan entsteht in zahlreichen Industrieprozessen und ist weitaus klimaschädlicher als CO_2. Methan in weniger klimaschädliche Bestandteile umzuwandeln, ist allerdings ein kostenintensiver Prozess und es wird dabei Strom an Orten freigesetzt, an denen er für gewöhnlich nicht sinnvoll genutzt werden kann. Es existiert also bisher kein wirtschaftlicher Anreiz, die Methanbelastung zu reduzieren. Erste

Studien zeigen, dass Bitcoin hier positive Umweltauswirkungen haben könnte, indem es einen Anreiz bietet, Methan aus Industrieprozessen in klimafreundlichere Bestandteile zu zersetzen.

Viel Energie zu verbrauchen, ist per se nichts Schlechtes. Es gilt hingegen, zu schauen, welche Art von Energie verbraucht wird. Und auch dann gilt es, den Nutzen des jeweiligen Energieverbrauchers zu betrachten. Wer in Bitcoin einen Wertspeicher sieht, schätzt den Stromverbrauch für Bitcoin-Mining vermutlich als zielführender ein als den Stromverbrauch von Wäschetrocknern.

Bitcoin-Miner laufen beim Rechnen sehr heiß und müssen ständig gekühlt werden. Ihre Abwärme kann für Heizprozesse genutzt werden. Überall dort, wo mit Strom geheizt wird, können durch vorgeschaltete Miner nicht nur dieselbe Wärme, sondern ganz nebenbei noch Bitcoin „erzeugt" werden.[7]

Eigenverantwortung und Verlustrisiko beim Umgang mit Bitcoin

In Bitcoin zu investieren oder zu sparen, erfordert ein mehr oder weniger großes Maß an Eigenverantwortung. Wie bereits erläutert, können Transaktionen nicht rückgängig gemacht werden. Wenn Bitcoin versehentlich an eine falsche Adresse versandt werden, sind sie für immer verloren. Genauso sind deine Bitcoin verloren, wenn du den Schlüssel, den Private Key, zu deinen Bitcoin verlierst. Ein Wallet speichert deinen Private Key. Aber es ist absolut notwendig, den Private Key zusätzlich zu sichern und sicher zu verwahren. Der Private Key wird vom Wallet in Form von 12 oder 24 Wörtern dargestellt. Diese Wörter kannst du aufschreiben und den Zettel an einem sicheren Ort aufheben. Es ist absolut wichtig, dass du diese Wörter **offline** speicherst. Mache niemals ein Foto davon, speichere sie auf keinen Fall auf deinem Handy oder einem Computer. Diese Wörter sollten niemals in Berührung mit dem Internet kommen. Wenn du deine Wörter absolut sicher verwahren willst, sodass sie auch durch Wasser oder Feuer nicht zerstört werden können, so gibt es spezielle Vorrichtungen, um sie z. B. in Stahl zu gravieren oder zu prägen. Gebe sie dabei allerdings niemals aus der Hand. Von deinen Wörtern darf niemals jemand anderes Kenntnis erlangen. Es sei denn, du möchtest, dass eine weitere Person über deine Bitcoin verfügen kann. Wer die Schlüssel kennt, hat Zugriff auf die Bitcoin der dazugehörigen Adresse und kann sie von dieser Adresse auf eine beliebige andere Adresse versenden.

Auf der anderen Seite ist es zu keinem anderen Zweck als zum Versenden von Bitcoin notwendig, den Schlüssel zu nutzen. Wenn also irgendjemand deinen Private Key beziehungsweise deine Wörter in Erfahrung bringen möchte, so sei dir sicher, dass dies ein Vorwand und ein Trick ist, um an deine Bitcoin zu gelangen. Dein Private Key wird zu keinem Zeitpunkt für einen anderen Vorgang benötigt.

Die eigene Verantwortung

Es liegt in deiner Verantwortung, den eigenen Private Key sicher zu verwahren, sodass er nicht verloren geht und nicht in die Hände anderer gelangt. Es ist also ein entscheidender Unterschied für das Maß an Eigenverantwortung, ob man Bitcoin kauft oder ein Produkt bei einer Bank oder einem Investmentanbieter. Denn bei einer Bank hat man eine Hotline bzw. einen Ansprechpartner, sollten einmal Fragen oder Unsicherheiten auftreten. Die Bank trägt die Verantwortung für die Verwahrung des Produktes.

Bei Bitcoin gibt es all das nicht. Das Risiko, Bitcoin zu verlieren, liegt also darin, selbst einen Fehler zu machen:

- den Schlüssel zu verlieren,
- den Schlüssel jemand anderem zugänglich zu machen, der die Bitcoin dann von deiner Adresse entwendet.

Verwahrung durch Dritte

Eine dritte Art, wie Personen in der Vergangenheit um ihre Bitcoin gebracht wurden, ist die Verwahrung durch andere. Kauft man Bitcoin bei einer Börse und lässt sie dort auf dem Kundenaccount liegen, ohne sie auf ein selbst verwahrtes Wallet zu transferieren, so geht man zwei Risiken ein:

- Zum einen greift für Kryptobörsen nicht die Einlagensicherung. Das heißt, geht die Börse insolvent, so sind deine Bitcoin nicht geschützt und gehören zur Konkursmasse. Es kann sein, dass du sie nicht wiedererhältst.
- Zum anderen wurden von manchen Kryptobörsen in der Vergangenheit unseriöse Methoden angewandt. So wurden Bitcoin-Käufe beispielsweise nur digital dem Kundenkonto gutgeschrieben, ohne dass die Börse die Bitcoin auch tatsächlich besessen und für den Kunden verwahrt hat. Für den Fall, dass der Kunde seine Bitcoin-Anteile auf der Börse liegen ließ,

musste die Börse die Bitcoin nicht direkt ausbezahlen und somit auch nicht zur Verfügung haben. Daher mussten nie genauso viele Bitcoin insgesamt eingekauft werden beziehungsweise vorhanden sein, wie die Kunden insgesamt bei der Börse besaßen. Nur im Fall einer Transaktion des Kunden von der Börse weg auf beispielsweise ein eigenes Wallet mussten die Bitcoin dann auch tatsächlich vorhanden sein.

Du besitzt nur dann Bitcoin, wenn du sie selbst verwahrst. Bitcoin selbst zu verwahren, verlangt ein großes Maß an Eigenverantwortung und Sorgfalt. Insbesondere musst du deinen privaten Schlüssel sichern und vor allen anderen geheim halten.

Die Auswirkungen dieser Eigenverantwortung sind absolute Unabhängigkeit und Freiheit. Bitcoin in Eigenverwahrung gehören dir und können dir von niemandem weggenommen werden. Man sieht dir nicht an, dass und wie viel Bitcoin du besitzt. Und du kannst sie – allein durch den Transport der 12 oder 24 Wörter – überall mit hinnehmen. Sie stehen dir jederzeit überall auf der Welt zur Verfügung.

5. Bitcoin kaufen und sicher verwahren

Wenn du nun so weit bist und die Entscheidung getroffen hast, dass du gerne Bitcoin besitzen möchtest, steht jetzt die entscheidende Frage im Raum: Wie macht man das – wie kannst du Bitcoin kaufen und wo? Mangelndes Wissen über seriöse Anbieter und gruselige Geschichten darüber, wie Menschen viel Geld verloren haben, stellen für viele eine unüberwindbare Hürde dar und schrecken sie ab, Bitcoin zu kaufen. Aber keine Angst, ich werde dich Schritt für Schritt anleiten und dir seriöse Quellen zum Bitcoin-Kauf an die Hand geben. Außerdem erläutere ich dir, wie du deine Bitcoin sicher verwahrst.

Ein wichtiger Punkt vorab: Die Anbieter, die ich dir im Folgenden vorstelle, sowohl die für den Kauf von Bitcoin als auch Anbieter von Hardware Wallets, empfehle ich aufgrund meiner eigenen guten Erfahrungen und des guten Rufs, den diese Anbieter unter Bitcoinern haben. Sie haben sich durch ihre Produkte und Services sowie ihren permanenten Einsatz für mehr Wissen rund um Bitcoin das Vertrauen und Ansehen der Community erarbeitet und sind zum Teil auch schon sehr lange am Markt. Ich möchte betonen, dass ich keinerlei Vergütung oder Vorteile für ihre Nennung erhalte.

Es gibt verschiedene Methoden, Bitcoin zu kaufen. Ich stelle dir im Folgenden zunächst die von mir präferierte Möglichkeit vor.

Wie in den vorangegangenen Kapiteln erläutert, lege ich beim Bitcoin-Kauf beziehungsweise beim Sparen in Bitcoin auf zwei Dinge ganz besonderen Wert:

- Zum einen die **Bitcoin selbst zu verwahren**, sie also nach dem Kauf auf eine eigene Adresse zu transferieren oder am besten direkt auf eine solche Adresse zu kaufen.

- Zum anderen Bitcoin in Form eines **Sparplans in regelmäßigen Abständen** zu kaufen, anstatt einmalig einen bestimmten Betrag in Bitcoin zu investieren. Denn beim regelmäßigen Kauf profitiert man von den Schwankungen des Bitcoin-Kurses.

Pocket Bitcoin

Ein Anbieter, über den beide Aspekte einfach realisiert werden können, ist Pocket Bitcoin, ein Schweizer Bitcoin-only-Unternehmen.

Unter *pocketbitcoin.com* legst du dir einen Account bei Pocket an. Als persönliche Daten benötigst du lediglich eine gültige E-Mail-Adresse. Innerhalb deines Accounts hinterlegst du die IBAN des Bankkontos, von dem aus du zukünftig Geld für den Bitcoin-Kauf überweisen möchtest. Pocket nennt dir dann einen Referenzcode, der zu deinem Pocket-Account und deiner angegebenen IBAN gehört. Außerdem hinterlegst du eine Bitcoin-Adresse, an die die Bitcoin nach Kauf gesendet werden sollen. An dieser Stelle hinterlegst du nun eine von dir verwaltete Public Address. Wie das geht, erkläre ich dir gleich. Und schon ist alles eingerichtet.

Wann immer du jetzt eine Banküberweisung von deinem angegebenen Konto an Pocket tätigst und hierbei den Referenzcode als Verwendungszweck der Überweisung angibst, kauft Pocket mit Eingang des überwiesenen Betrags Bitcoin – zum dann gültigen Kurs – und sendet diese – in der Regel gegen 22 Uhr – auf die von dir hinterlegte Bitcoin-Adresse. Wenn du nun noch die Überweisung an Pocket automatisierst, indem du bei deiner Bank einen Dauerauftrag zu Pocket einrichtest, hast du dir im Handumdrehen selbst einen automatisierten Bitcoin-Sparplan erschaffen und sparst ohne weiteres Zutun kontinuierlich in Bitcoin.

Die **Public Address**, die du bei Pocket hinterlegst, kannst du auf verschiedene Arten **erzeugen**.

- Entweder nutzt du direkt die Pocket-App und erstellst dort ein Wallet. Dann werden deine Bitcoin-Käufe auf eine Adresse, die dieses Wallet generiert, gesendet.

- Oder du erstellst dir mit einem anderen Wallet – dies kann ein Software oder Hardware Wallet sein – eine Adresse. Eine Public Address erzeugt man, indem man im Wallet „Erhalten" auswählt. Das Wallet zeigt dir dann eine Adresse an, die ungefähr so aussieht wie die nachfolgende Beispieladresse: bc1qy00j9cwt72zwlgjrxxm80cm5hihtct4g550nf6. Die vom Wallet angezeigte Adresse hinterlegst du dann in deinem Account.
  Für das genutzte Wallet gilt es dann, deinen dazugehörigen **Private Key in Form von 12 oder 24 Wörtern** aufzuschreiben und sicher zu verwahren. Mit diesem Wallet bist du dann zukünftig vom Anbieter unabhängig. Du könntest die Wörter

auch in ein beliebiges anderes Wallet eingeben und von dort aus auf deine Bitcoin zugreifen.

Wenn du ein Software Wallet nutzt – z. B. in der Pocket-App oder irgendein anderes Wallet, das auf deinem Handy oder Computer gespeichert ist –, so musst du dir bewusst sein, dass dieses gehackt werden kann. Insbesondere, wenn das Gerät mit dem Internet in Kontakt ist. Außerdem kann das Wallet in fremde Hände gelangen, beispielsweise wenn du dein Handy verlierst.

BitBox02

Wenn du vorhast, längerfristig größere Beträge anzusparen, dann sei dir geraten, anstelle eines Software Wallets lieber ein Hardware Wallet zu nutzen. Die BitBox02 von BitBox Swiss (*https://bitbox.swiss/de/*) ist ein sehr nutzer- und insbesondere anfängerfreundliches Wallet. Die BitBox kaufst du am besten direkt beim Hersteller und achtest vor der Nutzung darauf, dass sie original verpackt bei dir ankommt. Denn nur ein ungenutztes Original-Wallet garantiert dir eine sichere Verwahrung. Gebrauchte Wallets oder Wallets, die von Drittanbietern bezogen werden, bergen die Gefahr, dass der Private Key des Wallets bereits erzeugt und ausgelesen wurde und andere Personen später Zugriff auf die von dir gesparten Bitcoin erhalten. Eine sehr gute Anleitung zur Einrichtung der BitBox findest du auf YouTube, erstellt von den Machern des „Bitcoin verstehen"-Podcasts[8]. In wenigen Schritten und mit 15 bis 30 Minuten Aufwand ist das Hardware Wallet eingerichtet und einsatzbereit.

Die BitBox erzeugt dir dann Public Addresses, die du bei Pocket hinterlegen kannst. Oder noch besser: Du hinterlegst bei Pocket deinen **xPub** – auch diesen bekommst du von deiner BitBox. Beim xPub handelt es sich um so etwas wie eine **Master-Adresse**, aus der beliebig viele Public Addresses abgeleitet werden können. Hast du den xPub bei Pocket hinterlegt, so werden bei jedem Kauf die gekauften Bitcoin auf eine separate Adresse versendet anstatt immer auf dieselbe Adresse.

Es wird empfohlen, möglichst immer neue Adressen zu verwenden, da dir dies mehr Privatsphäre ermöglicht. Denn wir erinnern uns: Jede Adresse kann jederzeit von jedermann eingesehen werden. Du kannst auf der Blockchain jederzeit einsehen, mit welchen anderen Adressen Transaktionen von oder auf deine Adresse getätigt wurden. Führst du nun eine Transaktion mit einer Person durch und kennst deren Public Address, so kannst du ebenfalls alle Transaktionen sehen, in die diese Adresse involviert war. Hierdurch kannst du ermitteln, wie viele Bitcoin auf die Adresse geflossen beziehungsweise von der Adresse weggeflossen sind, und weißt damit, wie viele Bitcoin auf der Adresse liegen. Du weißt allerdings nicht, welche weiteren Adressen deinem Transaktionspartner gehören. Es ist also zu empfehlen, für jeden Kauf eine neue Public Address zu benutzen, und indem du den xPub deiner BitBox hinterlegst, ist dies dann ganz automatisch gewährleistet.

Wann immer du nun Geld per SEPA-Überweisung an Pocket transferierst, kauft Pocket davon Bitcoin und sendet diese an eine neu generierte Adresse deiner BitBox. Du musst sonst nichts tun. Deine BitBox muss zum Zeitpunkt des Bitcoin-Kaufs oder der Auszahlung nicht angeschlossen oder eingeschaltet sein. Der Kauf und die Verwahrung laufen vollständig automatisiert ab, denn die Bitcoin werden, wie erläutert, nicht auf deiner BitBox gespeichert, sondern liegen auf der Blockchain. Die BitBox generiert lediglich die Public Addresses, auf die die Bitcoin transferiert werden, und hält den Private Key, der dich dazu berechtigt, über die Bitcoin auf diesen Adressen zu verfügen.

Diese Variante bietet sich besonders für häufige beziehungsweise regelmäßige Bitcoin-Käufe an. Gehen per Dauerauftrag beispielsweise an jedem Monatsersten 100 Euro an Pocket, so erhältst du an jedem Monatsersten Satoshis im Gegenwert von 100 Euro. Pocket kauft diese zum jeweils gültigen Preis ein und transferiert sie auf eine deiner Adressen. Dies ist die beste Variante, um Bitcoin zu einem Durchschnittspreis zu kaufen. Du ersparst dir Überlegungen, wann der beste Einstiegs- beziehungsweise Kaufzeitpunkt ist, und brauchst dich, ist der Account bei Pocket einmal angelegt und der Dauerauftrag eingerichtet, um nichts mehr zu kümmern.

Weitere Bitcoin-only-Anbieter

Es gibt aber auch noch weitere Möglichkeiten, Bitcoin zu erwerben. Zum einen existieren weitere Bitcoin-only-Anbieter: Neben Pocket Bitcoin sind hier Relai, ein weiteres Unternehmen aus der Schweiz, sowie Coinfinity und 21bitcoin, zwei österreichische Anbieter, zu nennen. Sie alle bieten hervorragende Services, Schritt-für-Schritt-Anleitungen zum Kauf von Bitcoin sowie Kundenservice per Chat und Telefon an und sind uneingeschränkt zu empfehlen. Bei allen kann man Bitcoin via App oder Online-Anwendung auf ein dort integriertes Online-Wallet kaufen oder eine eigene Public Address hinterlegen. In beiden Fällen sind es dann direkt deine Bitcoin, denn sie liegen auf dem von dir erstellten und verwalteten Wallet, zu dem du den Private Key hältst.

21bitcoin bietet noch einen besonderen Service an: Das Unternehmen ist von der österreichischen Finanzdienstleistungsaufsicht dafür zugelassen, Bitcoin für seine Kunden zu verwahren. Du kannst selbst entscheiden, ob du die gekauften Bitcoin dort – eine Zeit lang – liegen oder direkt auf eine von dir hinterlegte Adresse transferieren lässt. Hierfür kannst du einen von dir individuell festgelegten Schwellenwert vorgeben, bis zu dem deine Bitcoin-Käufe bei 21bitcoin angesammelt werden. Ist dieser Schwellenwert erreicht, so transferiert 21bitcoin deinen Bitcoin-Bestand mit einer einzigen Transaktion auf deine Adresse. Dies hat zwei Vorteile:

- Zum einen fallen die Transaktionsgebühren niedriger aus, als wenn jeder Kauf einzeln transferiert wird.
- Und zum anderen entsteht auf deinem Wallet ein einziger Bitcoin-Eingang, der besser für zukünftige Transaktionen genutzt werden kann als viele sehr kleine Eingänge.

Unspendable Transaction Outputs

Ein Thema, das unter Bitcoinern in den letzten Monaten viel diskutiert wurde, sind **Unspendable Transaction Outputs**. Das sind sehr geringe Satoshi-Beträge, die zu klein sind, um sie innerhalb einer normalen Transaktion ausgeben zu können. Sie resultieren aus sehr kleinen Käufen und es besteht die Gefahr, dass diese bei hohen Netzwerkgebühren zukünftig nicht mehr ausgegeben werden können. Was hat es damit auf sich und wie kannst du diese Gefahrenklippe umschiffen? Bei jeder Transaktion, bei der du dem Anbieter Euros gibst und er Satoshis von seiner Adresse auf deine

Adresse sendet, entsteht ein Eintrag auf der Blockchain und in diesem Eintrag ist die Anzahl der transferierten Satoshis enthalten. Diese werden auch als UTXO, **Unspent Transaction Output**, bezeichnet. Es handelt sich hierbei um den Output einer hereinkommenden Transaktion (hier des Kaufs), der von dir noch nicht weiterverschickt wurde. Um diesen Output nun zu nutzen, also die Satoshis deinerseits wieder zu jemandem zu senden, zum Beispiel um etwas zu bezahlen oder sie wieder zu verkaufen, müssen von dir Gebühren gezahlt werden. Denn du erinnerst dich: Die Gebühren in den Transaktionen belohnen die Miner dafür, die Transaktionen in einen Block aufzunehmen.

Und je mehr Gebühren man zu zahlen bereit ist, desto schneller wird die Transaktion in einen Block aufgenommen. Die Gebühren stehen dabei nicht proportional zum versendeten Betrag, wie wir das sonst im gewöhnlichen Geldsystem kennen, sondern zur Größe der Transaktion im Block, also zum Speicherplatz in der Blockchain. Der Speicherplatz wird in vBytes bemessen und die Gebühren berechnen sich in Sats per vByte.

Die Miner haben einen größeren Anreiz, Transaktionen mit hohen Gebühren in die Blöcke aufzunehmen. In Zeiten, in denen wenige Transaktionen bereitstehen und darauf warten, in einen der nächsten Blöcke aufgenommen zu werden, sind die Gebühren gering. Manchmal gibt es aber auch Anlässe, zu denen die Gebühren in absurde Höhen schießen, da gerade viele Personen viele Transaktionen durchführen möchten.

Und auch ohne spezielle Ereignisse ist davon auszugehen, dass die Gebühren langfristig steigen werden. In Kapitel 2 hatte ich erläutert, dass durch das Halving, also die Halbierung der Belohnung, die nach 210.000 Blöcken vorgenommen wird, die Block

Subsidy immer weiter sinkt und schließlich, circa im Jahr 2140, gar nicht mehr gezahlt wird. Die Transaktionsgebühren werden dann die einzige Einnahmequelle beim Mining sein. Auch in diesem Fall muss sich die Verarbeitung der Transaktionen zu neuen Blöcken für die Miner immer noch rentieren.

Zurück zu unseren kleinen Satoshi-Beträgen. Manche Bitcoiner waren in der Vergangenheit der Auffassung, dass es besonders schlau wäre, Bitcoin nicht per monatlichem Sparplan, sondern per wöchentlichem oder sogar täglichem Sparplan zu kaufen, um die mitunter sehr starken Preisschwankungen noch besser auszugleichen. Wer über mehrere Monate hinweg täglich für beispielsweise fünf Euro Bitcoin gekauft hat, hat nun Hunderte von kleinen UTXOs. Diese können zwar gebündelt herangezogen werden, um eine Transaktion über einen größeren Betrag auszuführen, aber jedes UTXO erzeugt zusätzliche Gebühren innerhalb einer Transaktion. Sind die Gebühren, die die Aufnahme eines UTXO in eine Transaktion verursacht, größer als das UTXO selbst, so spricht man von einem Unspendable UTXO. Es wird zu diesem Zeitpunkt wertlos, da es nicht mehr wirtschaftlich für eine Transaktion genutzt werden kann. Vermutlich wird es in Zukunft Lösungen geben, um die UTXOs wieder nutzbar zu machen. Aber es ist besser, es erst gar nicht so weit kommen zu lassen. Vor allem nicht ohne Not.

Ich rate dir daher dringend, es mit der Verteilung deiner Käufe nicht zu übertreiben. Käufe von 100.000 bis 1.000.000 Sats sind zu empfehlen. Im Zweifel spare lieber erst in Euro, bis ein entsprechend großer Kauf für dich möglich ist, oder sammle, wie bei 21bitcoin möglich, die Sats erst in deinem Kundenaccount an, bevor du sie auf eine deiner Adressen auszahlen lässt. Bei der

Auszahlung werden die einzelnen kleinen UTXOs zu einem neuen großen UTXO verschmolzen.

Börsen und Handelsplattformen

Über die vorgestellten Bitcoin-only-Anbieter hinaus kannst du Bitcoin auch an Börsen oder Handelsplätzen erwerben. Bei Kraken, Coinbase, Bitcoin.de, Bison und weiteren kaufst du Bitcoin, indem du einen Account eröffnest und Geld per Überweisung an ein dort angegebenes Konto überweist. Manchmal musst du hierbei einen bestimmten, von der jeweiligen Plattform vergebenen Referenzcode, der mit deinem Kundenaccount verknüpft ist, als Verwendungszweck angeben. Bis hierhin funktioniert das Ganze noch genauso wie bei Pocket, Relai und Co. Der Unterschied beginnt damit, dass der überwiesene Betrag deinem **Kundenkonto gutgeschrieben** wird. Mit dem zur Verfügung stehenden Guthaben kannst du auf der jeweiligen Webseite beziehungsweise App Bitcoin kaufen. Die gekauften Bitcoin werden dann ebenfalls deinem Kundenaccount gutgeschrieben, liegen aber auf einer Adresse, für die der Anbieter den Private Key besitzt. Solange die Bitcoin vom Anbieter verwahrt werden, sind die Bitcoin auch nicht wirklich deine, denn du erinnerst dich sicher noch an den Satz: „Not your key, not your Bitcoin."

Geht der Anbieter zum Beispiel insolvent, so wird es für dich schwierig, an deine Bitcoin heranzukommen, oder sie sind für dich sogar verloren. Denn für Bitcoin gibt es keine Einlagensicherung wie bei einem Bankkonto. Das heißt, im Falle einer Insolvenz des Anbieters sind deine Bitcoin-Bestände nicht gesichert. Bitcoin beim Anbieter zu belassen, sollte also eher der Ausnahmefall oder eine zeitlich begrenzte Zwischenlösung sein.

Nicht verleiten lassen!
Eine Gefahr, die die meisten dieser Börsen bergen, ist, dass sie auch andere Kryptowährungen anbieten und dich dazu verleiten, zusätzlich oder statt Bitcoin andere Coins zu kaufen. Ich habe schon viele Menschen getroffen, die sich ins Unglück gestürzt und in diverse dieser Coins investiert haben, obwohl sie ursprünglich eine Börse gewählt haben, um dort Bitcoin zu kaufen. Häufige Gründe sind dabei die Hoffnung, mit dem aktuell am meisten gehypten Coin schnelle Gewinne zu machen, oder aber die Verlockung des viel geringeren Preises anderer Coins. Hier verleitet schlicht der Gedanke, für dasselbe Geld sehr viele Coins anstatt nur einen kleinen Bruchteil eines Bitcoin zu bekommen. Doch nachdem du aufmerksam das Kapitel 3 „Bitcoin, nicht Krypto" gelesen hast, weißt du es hoffentlich besser und lässt dich von diesen Versuchungen nicht verleiten. Solchen Versuchungen setzt du dich erst gar nicht aus, wenn du direkt bei einem Bitcoin-only-Anbieter Bitcoin kaufst.

Gebühren vergleichen
Es lohnt sich, bei einem Bitcoin-Kauf die anfallenden Kosten und Gebühren zu vergleichen. Pocket, Relai, Coinfinity und 21bitcoin verlangen Gebühren zwischen ein und zwei Prozent der investierten Summe. Dafür kaufen sie für dich Bitcoin zum aktuell gültigen Preis. Die großen Börsen und Handelsplätze wie beispielsweise bitcoin.de verdienen meist zusätzlich über Spreads. Das bedeutet, dass sie einen etwas höheren Bitcoin-Preis annehmen, zu dem du Bitcoin bei ihnen kaufen kannst, und einen etwas niedrigeren Preis ansetzen, wenn du Bitcoin bei ihnen auf der Plattform verkaufst. Sie verdienen dann an der Differenz zum tatsächlichen Kurs.

Let´s get started ...
Statt direkt Hals über Kopf ins kalte Wasser zu springen und größere Summen in Bitcoin zu investieren, empfehle ich dir, erst einmal einen Zeh ins Wasser zu strecken und dich langsam heranzutasten. So kannst du beispielsweise für 50 oder 100 Euro Bitcoin kaufen und anhand dieses Kaufs deine eigenen Erfahrungen sammeln. Man nennt das **Skin in the Game**, das bedeutet, du machst den sehr entscheidenden Schritt vom Beobachtenden, der sich über Bitcoin informiert und theoretisches Wissen aneignet, zum Bitcoin-Besitzer oder zur Bitcoin-Besitzerin.

Ab dann bist du „mittendrin statt nur dabei", du bist emotional involviert. Du ärgerst dich bei Kursrückgängen und freust dich über Kursanstiege. Es ist wichtig, sich durch Kursveränderungen nicht verrückt machen zu lassen und aus den Erfahrungen zu lernen. Das gilt für Bitcoin genauso wie für Aktien und andere Assets. Mit Skin in the Game wirst du, wenn Ereignisse und Nachrichten dazu führen, dass der Kurs in die Höhe schnellt oder abstürzt, viel schneller lernen, als wenn du als unbeteiligte Zuschauerin am Spielfeldrand stehst und dir ausmalst, wie es wäre, zu investieren.

Außerdem, und das ist meiner Meinung nach der wichtigste Punkt, wirst du ganz viel über dich selbst erfahren. Du wirst erfahren, wie du damit umgehst, wenn der Kurs steigt oder fällt. Wie fühlst du dich dabei? Wie reagierst du? Hast du starke Nerven und bist die Ruhe selbst? Kommst du damit klar, wenn sich der Wert dessen, was du erworben hast, halbiert? Wenn nur noch ein Drittel oder gar ein Zehntel davon übrig ist? Oder verkaufst du bereits panisch bei einem Einbruch um 20 Prozent und ärgerst dich, investiert zu haben? Oder gehörst du zu denen, die sich beim selben Kursrückgang denken: „Prima, jetzt kann ich mit 20 Prozent Rabatt nachkaufen."

Das ist das, was Bitcoiner **Buy the dip** nennen. Ganz egal, wie du reagierst, und das ist nun mal sehr individuell, du lernst unheimlich viel über dich und du kannst dieses Wissen nutzen, um dich auf zukünftige relevante Investments vorzubereiten. So wirst du dir die für dich passende Strategie erarbeiten.

Achtung: Steuern!

Ich möchte dir noch einen wichtigen abschließenden Hinweis geben, für den Fall, dass du deine Bitcoin doch mal verkaufen möchtest. In diesem Fall gilt es zu schauen, ob die Bitcoin in der Zeit zwischen Kauf- und Verkaufszeitpunkt im Wert gestiegen sind. In diesem Fall muss die Differenz, der Wertzuwachs, versteuert werden. Hast du die Bitcoin **länger als ein Jahr** gehalten, sind die Gewinne steuerfrei. Dies ist die derzeitige Regelung in Deutschland. Für andere Länder gelten andere steuerliche Regelungen. Im Zweifel wende dich an deinen Steuerberater und gib deine Bitcoin-Verkäufe in deiner Steuererklärung an.

6. Bitcoin und Altersvorsorge – wie passt das zusammen?

Beim nachfolgenden Kapitel handelt es sich um das „Spaßverderber"-Kapitel und vielleicht hast du bei einem Einführungsbuch über Bitcoin nicht erwartet, etwas über desaströse Altersvorsorgesysteme und drohende Altersarmut zu lesen. Betrachte die nachfolgenden Seiten bitte als Weckruf. Ich meine es gut und möchte dir zeigen, dass es bei all den düsteren Aussichten doch einen kleinen orangefarbenen Lichtstreif am Horizont gibt.

In diesem Kapitel erfährst du, wie es um unsere gesetzliche Rente in Deutschland bestellt ist, welche Versorgungslücken im Alter lauern und wie du Bitcoin nutzen kannst, um deine Versorgungslücken frühzeitig zu minimieren.

Nach meinem Mathematikstudium habe ich elf Jahre lang im Versicherungsbereich gearbeitet, zunächst in der Produktentwicklung eines Lebensversicherungsunternehmens, dann lange Zeit bei einem Softwareunternehmen, das sich auf die Entwicklung von Beratungssoftware für Versicherungen spezialisiert hat. Im Rahmen beider Jobs habe ich mich tagtäglich mit Altersvorsorgeprodukten, aber vor allem mit der Altersversorgung – den Einkünften, die den Versicherten im Ruhestand zur Verfügung stehen beziehungsweise zur Haltung ihres Lebensstandards eben gerade fehlen – beschäftigt. Für die allermeisten ist dieses Thema nahezu genauso unangenehm, wie sich mit der eigenen Endlichkeit zu beschäftigen.

Geht es dir auch so? Der eigene Ruhestand liegt vielleicht noch Jahrzehnte in der Zukunft und du hast heute ganz andere Herausforderungen, um die du dich kümmern musst, wie dein berufliches Vorankommen, Kindererziehung, Hausbau oder -kauf. Es gibt so viele „Baustellen" in deinem Leben, da willst du nicht aktiv an eine Zeit denken, die noch ganz weit in der Zukunft liegt und in der dein Leben, unsere Welt und alles andere sowieso vermutlich ganz anders sein wird.

Oder du stehst kurz vorm Ruhestand, hast noch eine Handvoll Jahre bis dahin. Deine Rentenmitteilung hast du zwar jedes Jahr, wenn sie dir zugeschickt wurde, kurz überflogen und dir gedacht: „Ah, ich bekomme mal 1.500 Euro Rente. Na ja, bis dahin ist mein Haus abbezahlt und ich muss ja nicht mehr die ganz großen Sprünge machen. Wird schon irgendwie reichen." Und dann hast du den Zettel in deinen Unterlagen abgeheftet und dir keine weiteren Gedanken mehr darüber gemacht.

Und nun stehst du hier: Die Inflation und daran anknüpfende Gehalts- und somit Rentenerhöhungen haben zwar dafür gesorgt, dass du voraussichtlich 1.700 Euro Rente erhalten wirst, aber die Kaufkraft dieser 1.700 Euro ist eben nicht mehr dieselbe wie noch vor ein paar Jahren. Außerdem werden dir in der Rente nach Abzug von Steuern und Sozialabgaben monatlich knapp 900 Euro zu dem fehlen, was du gewohnt bist, netto monatlich zur Verfügung zu haben. Wie willst du das in den nächsten Jahren ausgleichen, um nicht bis zu deinem Lebensabend herumknapsen zu müssen?

Beginne JETZT!
Egal in welcher Phase deines Lebens du dich befindest, es ist mehr als sinnvoll, HEUTE mit der Vorsorge fürs Alter, für deinen Ruhestand zu beginnen. Denn der allerwichtigste Faktor, wenn es um den Aufbau einer vernünftigen Versorgung geht, ist Zeit. Zeit ist entscheidend, damit sich Kapital vermehrt.

Mit dem Thema Altersvorsorge kann man ganze Bücher füllen. Denn das bestehende System ist äußerst kompliziert und vielfältig. Daher können wir im Rahmen dieses Buches das Thema nicht umfassend betrachten. Dennoch möchte ich dich an dieser Stelle für das Thema Altersvorsorge sensibilisieren.

> ***Die Versorgungslücken, also die Differenz zwischen dem, was eine Person in der Rentenphase an Einkünften zur Verfügung hat, und dem, was sie benötigt, um ihren Lebensstandard zu halten, ist in den allermeisten Fällen verheerend groß. Ein jeder, der nicht selbst finanziell für den eigenen Ruhestand vorsorgt, wird ein Leben unter seinen Verhältnissen, wenn nicht gar in Armut führen müssen.***

Die gesetzliche Rentenversicherung

Die gesetzliche Rentenversicherung in Deutschland beruht auf dem sogenannten Umlageverfahren. Dies bedeutet, dass die Beiträge der derzeit Berufstätigen nicht am Kapitalmarkt angelegt oder angespart werden, um ihre zukünftigen Rentenleistungen daraus zu entnehmen, sondern dass die Beitragszahlungen direkt verwendet werden, um die Rentenleistung an die derzeitigen Rentenbezieher zu zahlen. Die Beiträge zur gesetzlichen Rentenversicherung werden dabei jeweils hälftig von den Berufstätigen selbst sowie von ihren Arbeitgebern finanziert. Die rentenversicherungspflichtigen Berufstätigen wiederum erhalten eine Anwartschaft, also Ansprüche auf eine spätere Rente. Und zwar auf eine Rente bei ganzer oder teilweiser Erwerbsminderung, im Alter und im Falle des Todes für hinterbliebene Partner oder unterhaltspflichtige Kinder.

Aufgrund der demografischen Entwicklung, also der Tatsache, dass Geburtsjahrgänge in der Vergangenheit viel umfangreicher waren und immer weiter zurückgingen, reduziert sich das Verhältnis der Anzahl der Beitragszahler zur Anzahl der Rentenbezieher immer weiter. Laut Statistischem Bundesamt war 2022 jede zweite Person in Deutschland älter als 45 und jede fünfte Person älter als 66 Jahre.[9] Noch dazu werden wir im Durchschnitt immer älter und somit verlängert sich die Dauer des Rentenbezugs immer weiter. Bereits heute reichen die eingezahlten Beiträge bei Weitem nicht aus, um die Renten zu finanzieren. So fließen zusätzlich zu den Beitragszahlungen der Berufstätigen Bundesmittel und -zuschüsse in Höhe von 100 Milliarden Euro jährlich in die gesetzliche Rentenversicherung, um die circa 350 Milliarden Euro an Rentenleistungen zu finanzieren.

Reformen sind dringend nötig

Das deutsche Rentensystem wurde nie grundlegend reformiert. Obwohl die Rente in den Parteiprogrammen und Koalitionsverträgen etlicher Regierungen stand, wurden nur wenige einschneidende Veränderungen vorgenommen. Und wenn, dann dahingehend, dass die Beitragszahlenden mehr und mehr belastet und die Regelaltersgrenze – also das Alter, zu dem eine Person regulär in den Ruhestand gehen und Altersrente beziehen kann – immer weiter angehoben wurde. Während bis 2012 die Regelaltersgrenze bei 65 Jahren lag, wurde sie in Abhängigkeit vom Geburtsjahrgang, beginnend mit dem Geburtsjahrgang 1947, stufenweise angehoben. Für alle Geburtsjahrgänge ab 1964 liegt die Regelaltersgrenze bei 67 Jahren. Es ist auch heute noch möglich, früher in Rente zu gehen. Hierfür muss ein Rentner oder eine Rentnerin dann allerdings dauerhafte Abzüge der Rente in Kauf nehmen.

Mit dem **Alterseinkünftegesetz** wurde 2005 die steuerliche Regelung hin zu einer nachgelagerten Besteuerung geändert. Dies bedeutet, dass die Beiträge in die Rentenversicherung steuererleichternd während der Erwerbsphase wirken, während die Renten immer weiter steuerpflichtig werden. Ab dem Jahr 2040 werden die Renten in vollem Umfang steuerpflichtig sein.

Der demografische Wandel sowie die Tatsache, dass man die beitragszahlenden Arbeitnehmer und Arbeitgeber nicht immer weiter mit steigenden Beiträgen belasten kann, machen eine Absenkung des Versorgungs- bzw. Rentenniveaus notwendig. Das heißt, das Verhältnis zwischen Rente und Einkommen sinkt immer weiter. Die derzeitige Gesetzeslage datiert aus 2018 und sieht bis 2025 eine doppelte Haltelinie vor. Sie soll für einen Ausgleich der Interessen von Beitragszahlenden und Rentenbeziehern sorgen:

- So dürfen zum einen die Beiträge zur gesetzlichen Rentenversicherung bis zum Jahr 2025 nicht über einen Beitragssatz von 20 Prozent ansteigen.

- Zum anderen darf das Rentenniveau bis zum Jahr 2025 nicht unter 48 Prozent sinken.

Hierbei bezieht man sich auf die Renten nach Abzug der Sozialabgaben, vor Abzug von Steuern. Ein Gesetzentwurf zur Stabilisierung des Rentenniveaus und zum Aufbau eines Generationenkapitals für die gesetzliche Rentenversicherung befindet sich gerade in der politischen Diskussion (Stand Oktober 2024). Dieser sieht vor, das Rentenniveau langfristig bei 48 Prozent zu sichern (bis 2039). Die Haltelinie für den Beitragssatz wird hingegen aufgegeben. Hierdurch wird der Beitragssatz zukünftig weiter steigen. Um dem entgegenzuwirken, ist ein sogenanntes Generationenkapital vorgesehen. Hierfür sollen Gelder am Aktienmarkt angelegt werden („Aktienrenten"). Die daraus resultierenden Kapitalerträge sollen zukünftig dazu genutzt werden, die notwendigen Beitragsanpassungen zu reduzieren.[10]

Es ist nicht zu erwarten, dass das Rentensystem in den kommenden Jahren grundlegend verändert werden wird. Da die Konsequenzen meist unpopulär sind und erhebliche finanzielle Mittel benötigt werden, trauen sich Regierungen nicht an umfassende Rentenreformen heran.

Erschwerend kommt hinzu, dass neben der gesetzlichen Rentenversicherung in Deutschland noch eine Vielzahl weiterer Altersvorsorgesysteme existieren. So sind Beamte beispielsweise ausgenommen. Sie erhalten vom Staat Pensionen, die wie Beamtengehälter aus den laufenden Staatsausgaben finanziert werden. Bestimmte Berufsgruppen, wie Anwälte, Steuerberater, Ärzte, Apotheker, sind in sogenannten berufsständischen Versorgungswerken versichert. Da es sich hier um Berufe mit einer im Vergleich zum Bundesdurchschnitt überdurchschnittlichen Gehaltsstruktur handelt, ist das Verhältnis der Beitragszahlungen zu den Rentenzahlungen in berufsständischen Versorgungswerken oft viel besser. Gleichzeitig fehlen diese zahlungskräftigen Beitragszahler in der gesetzlichen Rentenversicherung. Viele Selbstständige hingegen sind gar nicht in einem Pflichtsystem rentenversichert.

Grundlagen

Für den Fall, dass du zu den in der gesetzlichen Rentenversicherung Pflichtversicherten gehörst, möchte ich dir ganz kurz die zugrunde liegende Zusammensetzung der gesetzlichen Rente erläutern, damit du in der Lage bist, deine **Rentenmitteilung** richtig zu lesen und deine eigene gesetzliche Rente besser einzuschätzen.

Im Laufe des Berufslebens erwirbt man für jede rentenversicherungspflichtige Tätigkeit Entgeltpunkte. Diese werden anhand der Höhe deines rentenversicherungspflichtigen Bruttoeinkommens errechnet. Und das wird dividiert durch das jeweils geltende **Durchschnittsentgelt**. Das Durchschnittsentgelt wird jährlich von der Deutschen Rentenversicherung veröffentlicht. Es handelt sich hierbei um das durchschnittliche Einkommen aller Beitragszahler. Pro Jahr erhältst du Entgeltpunkte in Höhe des Verhältnisses Bruttoeinkommen zu Durchschnittsentgelt gutgeschrieben. Das Bruttoeinkommen wird in dieser Betrachtung, wie auch bei der Bemessung der Rentenversicherungsbeiträge, nur bis zu einer bestimmten Höchstgrenze, der sogenannten Beitragsbemessungsgrenze, berücksichtigt. Die Beitragsbemessungsgrenze liegt bei knapp dem Doppelten des Durchschnittsentgelts, sodass pro Jahr maximal etwa zwei Entgeltpunkte erworben werden können. Die Entgeltpunkte werden über dein gesamtes Berufsleben summiert. Außerdem gibt es Fälle, in denen du zusätzliche Entgeltpunkte erhalten kannst, zum Beispiel für Zeiten, in denen du einen pflegebedürftigen Angehörigen betreust, oder für Kindererziehungszeiten. Und auch die in 2021 eingeführte Grundrente führt dazu, dass du unter ganz bestimmten Bedingungen, wenn du eine festgelegte Anzahl an Jahren mit unterdurchschnittlichem Einkommen verpflichtend Beiträge zur gesetzlichen Rentenversicherung gezahlt hast, zusätzliche Entgeltpunkte erhältst.

Zur Bestimmung der Bruttorente werden dann die bis zum Rentenbeginn erworbenen Entgeltpunkte mit dem Rentenartfaktor, dem Zugangsfaktor sowie dem aktuellen Rentenwert multipliziert. Der Rentenartfaktor steht, wie der Name schon sagt, für die Art der Rente (Erwerbsminderungs- oder Altersrente). Wobei wir in unserem Fall nur die Altersrente betrachten und der Rentenartfaktor für Altersrenten 1 beträgt, sodass er das Ergebnis der Multiplikation nicht verändert. Der Zugangsfaktor drückt einen früheren, vorgezogenen oder nach hinten geschobenen, späteren Rentenbeginn aus. Auch dieser soll an dieser Stelle keine Rolle spielen, da wir nur den Rentenbeginn zur Regelaltersgrenze betrachten. Der aktuelle Rentenwert und seine Entwicklung spielen eine erhebliche Rolle bei der Entwicklung der Renten.

Der Rentenwert wird jährlich überprüft und unter bestimmten Bedingungen angepasst. Er spiegelt somit Inflation und Gehaltsentwicklungen wider. Grob gilt: Steigen die Gehälter der beitragspflichtigen Beschäftigten, steigt der Rentenwert. Um dem demografischen Wandel gerecht zu werden, existieren allerdings bremsende Faktoren, die verhindern, dass der Rentenwert in gleichem Maße wie die Gehälter steigt. In Zeiten hoher Inflation steigen die Renten also ebenfalls an, allerdings nicht im „Gleichschritt“ mit den Gehältern. Dies führt dann zu einem weiteren Absinken des Versorgungsniveaus.

Doch zurück zu deiner jährlichen Rentenmitteilung: Dort siehst du den Stand deiner angesammelten Entgeltpunkte. Des Weiteren wird dir vorgerechnet, welche Bruttorente aus den bisher erworbenen Entgeltpunkten resultiert und welche Rente du erreichen kannst, wenn du weiterhin im selben Umfang wie im Durchschnitt der letzten fünf Jahre Beiträge in die gesetzliche Rentenversicherung einzahlst. Außerdem wird deine Rente noch in zwei Szenarien betrachtet: für den Fall, dass der Rentenwert jährlich um ein beziehungsweise um zwei Prozentpunkte steigt.

> Wichtig ist mir an dieser Stelle, dich darauf hinzuweisen, dass es sich bei allen auf der Rentenmitteilung ausgewiesenen Rentenleistungen um **Bruttobeträge** handelt. Dies bedeutet, dass daraus Beiträge zur Kranken- und Pflegeversicherung sowie Steuern zu zahlen sind. Bei dem ausgewiesenen Betrag handelt es sich also nicht um den Betrag, der dir zukünftig zur Verfügung stehen wird. **Dieser wird um einiges geringer sein.**

Als einziges Gegenmittel, um dem sinkenden Versorgungsniveau entgegenzuwirken, wurde in den letzten 25 Jahren stets nur die ergänzende betriebliche und private Altersvorsorge gesehen und beworben. So weist dich ein kleines Sätzchen auf der jährlichen Rentenmitteilung darauf hin, dass du dich selbst um eine ergänzende Versorgung kümmern solltest.

Ich möchte dir anhand eines Beispiels verdeutlichen, über welche Summen wir hier sprechen, welche Beträge im Ruhestand für gewöhnlich fehlen. Im Anschluss werden wir betrachten, welche Rolle Bitcoin bei deiner Altersvorsorge spielen kann.

Versorgungslücken

Unter der Versorgungslücke im Alter versteht man die **Differenz zwischen dem Versorgungsziel**, das eine Person während ihrer Rentenphase monatlich erreichen möchte, **und dem Nettoeinkommen**, das die Person später einmal erhält; und bei sehr vielen handelt es sich hier eben nur um die gesetzliche Rente.

Schauen wir uns ein Beispiel an:
Katharina ist 1970 geboren, Single, und wir nehmen an, dass sie 1995, also mit 25 Jahren, begonnen hat zu arbeiten. Des Weiteren unterstellen wir in unserem Beispiel, dass sie immer genau das Durchschnittsgehalt aller rentenversicherungspflichtigen Beschäftigten verdient hat. Im Jahr 2024 waren dies 45.358 Euro Bruttojahreseinkommen.

✎ Das heißt, Katharina verdient auf zwölf Monate verteilt 3.780 Euro brutto im Monat und hat damit nach Abzug von Steuern und Sozialabgaben 2.484 Euro netto im Monat zur Verfügung.

Sie zahlt kontinuierlich ihr gesamtes Erwerbsleben über in die gesetzliche Rentenversicherung ein und wir gehen davon aus, dass sie bis zu ihrem 67. Lebensjahr 42 Jahre lang gearbeitet und Rentenversicherungsbeiträge gezahlt hat.

✎ Mit 67 Jahren steht ihr damit voraussichtlich eine gesetzliche Rente in Höhe von 1.651 Euro zu. Hieraus muss sie Steuern sowie Sozialversicherungsbeiträge für die Kranken- und Pflegeversicherung entrichten, sodass ihr 1.443 Euro netto im Monat verbleiben.

Eine übliche Annahme, die man trifft, ist, dass eine Person im Ruhestand nur ein Versorgungsniveau von 80 Prozent benötigt. Denn man geht davon aus, dass die Lebenshaltungskosten in der Rentenphase geringer sein werden als in der Erwerbsphase. Daher nehmen wir 80 Prozent von Katharinas letztem Nettoeinkommen, also 0,8 x 2.484 Euro = 1.987 Euro, als Versorgungsziel an.

Die monatliche Differenz zwischen Versorgungsziel und Nettorente beträgt: 1.987 – 1.443 Euro = 544 Euro.

Hierbei handelt es sich um die monatliche Versorgungslücke (vgl. Abbildung 2)

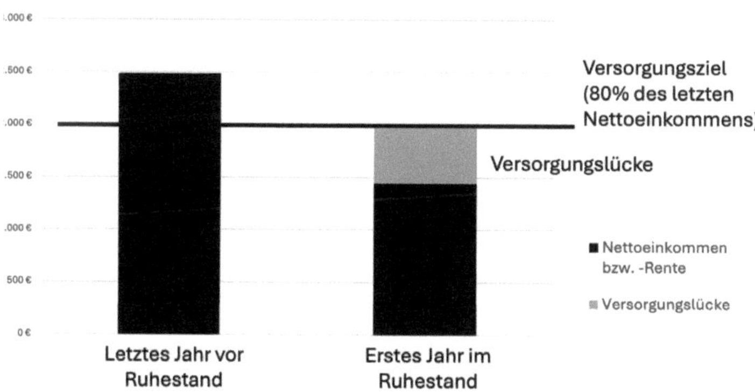

Abbildung 2: Nettoeinkommen vor Ruhestandsbeginn, Nettoeinkommen im Ruhestand und daraus resultierende Versorgungslücke

Geht man davon aus, dass dieser Betrag Monat für Monat in den nächsten 20 Jahren – also bis zu Katharinas 87. Lebensjahr – fehlt, so ergibt sich ein Kapitalbedarf zu Rentenbeginn von 130.540 Euro, also mehr als 130.000 Euro, die Katharina bis zu ihrem Renteneintritt angespart haben müsste, um durch monatliche Entnahmen ihr Versorgungsziel zu erreichen.

Geht man davon aus, dass Katharina vielleicht noch 30 Jahre lebt, dann sind es sogar 195.840 Euro Kapital, die über die Rentenphase hinweg fehlen.

Allerdings ist hierbei keinerlei Inflation berücksichtigt. Geht man von einer Inflation und damit verbundenen Gehaltserhöhungen im gleichen Umfang in Höhe von zwei Prozent aus und weiterhin davon, dass sich der Rentenwert um ein Prozent pro Jahr erhöht (die Renten steigen ja weniger stark als die Gehälter der Beitragspflichtigen), so verändert sich unser Rechenbeispiel folgendermaßen:

- Das zu erreichende Versorgungsziel erhöht sich mit dem steigenden Einkommen auf 2.520 Euro, die Bruttorente auf 1.861 Euro und die Nettorente auf 1.599 Euro. Hieraus ergibt sich dann eine Versorgungslücke von 921 Euro.

Da die Inflation auch in der Rentenphase nicht stoppt, steigt auch diese Lücke über die Rentenzeit noch einmal an. Wenn wir unterstellen, dass sich das Kapital, das Katharina zu ihrem Rentenbeginn zur Verfügung haben muss, ebenfalls über die Rentenphase mit zwei Prozent verzinst, so wäre ein Kapital von 221.040 Euro notwendig, um bis zum Alter von 87 Jahren versorgt zu sein, beziehungsweise eine Summe von 331.560,00 Euro, um bis zum

Alter von 97 Jahren die monatliche Lücke auszugleichen (vgl. Abbildung 3).

Selbst für den Fall, dass die Renten ebenfalls im selben Umfang wie die Gehälter steigen – und das ist wie gesagt völlig unwahrscheinlich –, würde sich eine monatliche Versorgungslücke von 753 Euro bzw. ein Kapitalbedarf von 180.720 Euro (bis 87 Jahre) beziehungsweise 271.080 Euro (bis 97 Jahre) ergeben. Riesige Summen also, die Katharina zu ihrem Rentenbeginn zur Verfügung haben müsste, um annähernd den Lebensstandard halten zu können, den sie gewohnt ist.

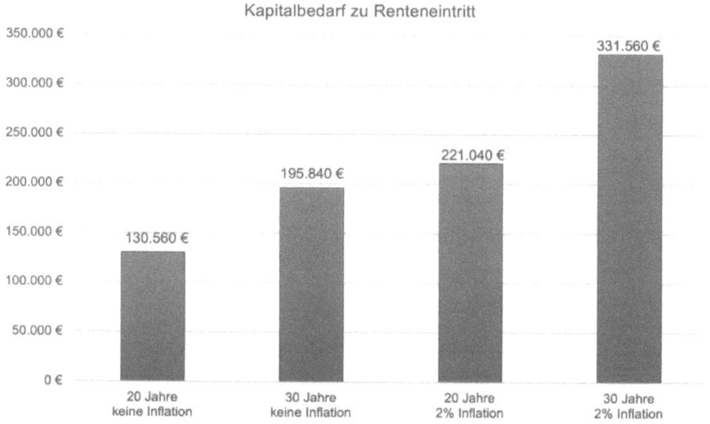

Abbildung 3: Kapitalbedarf bei 20 bzw. 30 Jahren Bezugsdauer, mit und ohne Berücksichtigung von Inflation

Und dies war ein Fall, in dem wir unterstellt haben, dass 42 Jahre lang ununterbrochen immer genau das Durchschnittsentgelt aller in der gesetzlichen Rentenversicherung versicherten Personen erzielt wurde und durchgängig eine rentenversicherungspflichtige

Beschäftigung vorlag. Betrachtet man, dass gerade viele Frauen nicht das Durchschnittseinkommen erzielen, jahrelange Unterbrechungen durch Kindererziehungszeiten haben, überwiegend in Teilzeit arbeiten, so ergibt sich insbesondere für Frauen in Deutschland ein noch viel verheerenderes Bild.

Der durchschnittliche Altersrentenbetrag lag 2022 für Frauen in den neuen Bundesländern bei 1.109 Euro und in den alten Bundesländern sogar nur bei 789 Euro. Während Männer durchschnittlich eine Rente von 1.360 Euro in den neuen und 1.155 Euro in den alten Bundesländern bezogen.

Außerdem haben wir in den betrachteten Beispielrechnungen eine Inflation von „nur" zwei Prozent unterstellt. Tatsächlich lag die Inflation in den letzten Jahren erheblich höher. Gerade für Personen, die noch zwanzig oder gar dreißig Jahre vom Ruhestand entfernt sind, wird sich die Inflation gravierend im notwendigen Kapitalbedarf niederschlagen.

Wie soll das gehen?

All die Jahre, die ich mich mit Versorgungslücken beschäftige, war es mir ein Rätsel, wie wir „nebenher" Kapital in diesem erheblichen Umfang ansparen sollen, wie es überhaupt gehen soll, die eigene Versorgungslücke im Alter zu schießen.

Die Versicherungsprodukte, die zu Beginn meiner Berufstätigkeit angeboten wurden, waren noch annähernd dazu geeignet, Versorgungslücken effizient zu reduzieren. Bei einem Rechnungszins von knapp drei Prozent und einer Inflation von 1,6 Prozent war es noch möglich, im Laufe von 30 Jahren seine eingezahlten

Beiträge etwa zu verdoppeln. Und durch steuerliche und sozialversicherungsrechtliche Förderungen konnte zum Teil auch das Dreifache des monatlichen Nettoverzichts als Bruttorente erzielt werden. Denn der ganz entscheidende Hebel bei Versicherungen ist

- der **Zins**
- sowie die **lange Laufzeit**.

Die Finanzkrise und die dadurch ausgelöste lange Niedrigzinsphase hat das Modell Lebensversicherung allerdings zerstört. Inzwischen sind Versicherungen reine „Geldaufbewahrungskonstrukte" geworden. Eine Rentenversicherung bietet den Vorteil, dass sie lebenslang zahlt und damit das sogenannte Langlebigkeitsrisiko von uns nimmt – also das Risiko, dass wir länger leben und Mittel zur Schließung der monatlichen Versorgungslücke benötigen, als unser Geld reicht. Um Geld in dem Umfang „anzuhäufen", wie wir es in der Rentenphase benötigen, bietet sie allerdings keinen ausreichenden Hebel mehr.

Vorsorge mit Bitcoin

Schauen wir uns also einmal an, wie eine Vorsorge in Bitcoin funktionieren könnte. Grundlage ist hierbei der Kursverlauf, wie im Chart im Abschnitt „Bitcoin und seine Volatilität" in Kapitel 4 dargestellt. Hierbei betrachten wir immer den Höchstpreis des jeweiligen Monats.

Und dann stellen wir einmal ein paar Berechnungen an, wie die Situation wäre, wenn wir für fünf bzw. für acht Jahre in Bitcoin gespart hätten. Verglichen mit der Zeit, die du vielleicht noch bis zum Renteneintritt hast, stellen fünf oder acht Jahre vermutlich einen sehr kurzen Zeitraum dar. Da Bitcoin noch sehr jung ist, ist eine Betrachtung über 20, 30 oder gar 40 Jahre gar nicht möglich. Aber bereits in den kurzen Zeiträumen von fünf bis acht Jahren konnten in der Vergangenheit Beträge angespart werden, mit denen Versorgungslücken in einem erheblichen Umfang entgegengewirkt werden kann.

In meinem ersten Beispiel wurden **monatlich 100 Euro** über einen Zeitraum von **fünf Jahren**, also 60 Monate lang, angespart und dann bis heute (wir betrachten den Stand zum 1. Juli 2024) liegen gelassen. Es sind also 6.000 Euro Kapital eingesetzt worden. Und nun schauen wir uns den erzielten Betrag für verschiedene Startzeitpunkte an.

Hätte man mit diesem Sparprozess im Juli 2015 begonnen, so hätten die angesparten Bitcoin einen Gegenwert von 255.566 Euro. Ein Jahr später, also im Juli 2016, begonnen, hätte der Bitcoin-Bestand heute einen Gegenwert von 96.420 Euro. Bei einer Ansparphase beginnend im Juli 2017 kämen 31.686 Euro zusammen. Und selbst wenn man erst im Juli 2018 mit dem Ansparen begonnen und über fünf Jahre monatlich 100 Euro (also 6.000 Euro gesamt) investiert hätte, wäre der aktuelle Bitcoin-Bestand noch 24.827 Euro wert. Man hätte sein eingesetztes Kapital also mehr als vervierfacht.

Und nun noch zwei Beispiele, in denen über **acht Jahre** hinweg, also 96 Monate lang, monatlich Bitcoin im Wert von 100 Euro angespart wurden.

✎ Bei einem Kapitaleinsatz von insgesamt 9.600 Euro hätte man bei Beginn des Sparprozesses im Juli 2016 heute Bitcoin im Wert von 101.848 Euro, bei einem Sparbeginn im Juli 2015 von 262.597 Euro.

Der erste Reflex bei vielen, die diese Beispiele sehen, wird sein: Wie gut hatten es diejenigen, die wie in unserem Beispiel bereits 2015 oder 2016 eingestiegen sind. Aber zum einen gibt es nur sehr, sehr wenige, die so früh mit dabei waren und bereits damals verstanden haben, was Bitcoin bedeutet, und die so „weise" waren, ihre erworbenen Bitcoin zu halten, gut zu verwahren und weiterhin in Bitcoin zu sparen.

Und zum anderen wird man das Gleiche vermutlich in zehn Jahren über den heutigen Einstieg sagen. Rückblickend ist die Vergangenheit immer logisch. Aber wenn es um unsere Zukunft geht, dann zögern wir. Obwohl die Aussichten für Bitcoin bestens sind.

Und wenn ich sehe, dass selbst im schlechtesten Szenario das angesparte Kapital nicht nur seinen Wert erhalten, sondern sich auch hier bestens entwickelt hat, und das bei einer Betrachtung von nur fünf oder acht Jahren, so stimmt mich das sehr hoffnungsvoll, hier eine Möglichkeit entdeckt zu haben, wie man, über 20, 30, 40 Jahre betrachtet, eine Chance hat, die eigene Versorgungslücke zu schließen oder zumindest erheblich zu reduzieren.

7. Wie Bitcoin dich verändert

Viele Personen, die sich umfangreicher mit Bitcoin beschäftigen, beschreiben, dass sich ihr Verständnis für Bitcoin auch auf andere Lebensbereiche über ihre Finanzen hinaus ausgewirkt hat. Denn die Beschäftigung mit Bitcoin und seiner Funktionsweise sorgt häufig dafür, dass sich Menschen zum ersten Mal fragen, was Geld eigentlich ist und warum sie dies bislang nicht wussten. Sie beginnen Dinge und Umstände, die ihnen bisher selbstverständlich erschienen, zu hinterfragen.

- Hast du dich schon einmal gefragt, woher unser Geld kommt?
- Wie und wann entsteht es ?
- Warum wird ständig alles teurer, obwohl technischer Fortschritt die Produktion und den Transport von Gütern immer effizienter macht und die Kosten eigentlich sinken sollten?
- Warum können wir uns heute kaum noch eine Immobilie leisten, während unsere Großeltern das damals mit nur einem Gehalt konnten?
- Und warum lohnt es sich nicht mehr, zu sparen?

Inflation und Sound Money: Wie beeinflusst Bitcoin dein Konsumverhalten?

Egal, ob du das Radio einschaltest oder abends eine Familienshow im Fernsehen anschaust, auf Plakaten und in Postwurfsendungen: Überall werden wir mit Werbung und Aufforderungen zur Kreditaufnahme bombardiert. Der Wie-für-mich-gemacht-Kredit, der Rückenwind gibt und mit dem man sich seine Träume und Wünsche erfüllen kann. Die Null-Prozent-Finanzierung und der Neuwagenkredit. Ständig werden wir darauf gedrillt, Geld zu leihen und für Konsum auszugeben. Es gibt hingegen wenig Werbung dafür und wir bekommen keine Anleitung oder gar Ausbildung dazu, wie wir Geld effektiv sparen oder gewinnbringend anlegen. Unser gesamtes System ist auf Konsum ausgelegt: darauf, viel zu arbeiten, um Geld zu verdienen, sich das Geld, das man nicht verdient, zu leihen und für sofortigen maximalen Konsum und Luxus zu nutzen. Wir müssen nicht mehr Monate und Jahre auf eine große Anschaffung wie einen neuen Hightech-Fernseher, den nächsten Familienurlaub, den Pool im Garten oder ein neues Auto hin sparen. Nein, wir können es mit einer Unterschrift, mit einem Klick in einem Online-Portal sofort haben. Noch dazu sind Produkte nicht mehr darauf ausgelegt, Jahrzehnte zu funktionieren, und die Versuchung ist groß, immer das Neueste haben zu wollen. Wer nutzt heute noch ein zehn Jahre altes Handy oder trägt seine Kleidung oder Schuhe, bis sie auseinanderfallen? Wir werden durch Werbung, Social Media, durch unser gesellschaftliches Verständnis von Wohlstand zum Überkonsum verleitet. Und dabei steht dieser Konsum in krassem Gegensatz zu Umwelt- und Klimaschutz, genauso wie zu echtem Wohlstand und finanzieller Freiheit.

Denn wir kaufen häufig Dinge, die wir nicht wirklich brauchen und die aus wertvollen Ressourcen hergestellt und über weite Strecken transportiert wurden. Wie viel Plastikspielzeug „Made in China“ haben deine Kinder, das du zweimal im Jahr großzügig aussortierst und Teile davon in der Mülltonne entsorgst? Wie viele Kleidungsstücke „Made in Bangladesh“ hast du aus einer Laune heraus gekauft und nur ein- oder zweimal getragen? Wie viele nie genutzte Gegenstände landen als Retouren jährlich auf dem Müll? All diese Dinge hätten niemals produziert, niemals transportiert, niemals gekauft werden müssen.

Nicht nur, dass diese Art des Konsums der Umwelt schadet, sie verhindert auch echten Wohlstand und finanzielle Freiheit.

Hast du dich schon einmal gefragt, wie du es schaffen kannst, mehr Zeit für die Tätigkeiten und Menschen zu haben, die dir wirklich wichtig sind? Wie du bei aller Arbeit und ständigen Verpflichtungen diese Freiheit erhalten kannst, anstatt dich immer nur „abzustrampeln“, um über die Runden zu kommen? Denn finanzielle Freiheit bedeutet, dass wir finanzielle Mittel zur Verfügung haben, die uns eine Unabhängigkeit von anderen Personen, dem eigenen Job, dem Ehepartner, den Eltern, von staatlichen Unterstützungsleistungen sowie von äußeren Umständen ermöglichen.

Finanzielle Freiheit oder Unabhängigkeit lässt sich nicht an einem bestimmten Euro-Betrag bemessen, sondern es sind die Mittel, die dir zur Verfügung stehen müssen, um mehr Zeit für die Tätigkeiten und Menschen im Leben zu haben, die dir wirklich wichtig sind. Welche Mittel in welcher Höhe notwendig sind, um diesen Zustand zu erreichen, ist höchst individuell. Zunächst gilt es, ein Bewusstsein dafür zu entwickeln, wie dir dies gelingen kann, wenn du, anstatt all dein Geld für Konsum zu nutzen, dieses wieder auf rentable Art und Weise ansparen kannst.

Übermäßiger Konsum und Kredite führen in die Abhängigkeit, sie machen uns zu modernen Sklaven.

Doch die Förderung von Konsum durch Kreditwerbung und Null-Prozent-Finanzierungen sowie die gesellschaftliche Salonfähigkeit des Schuldenmachens sind nur die Spitze des Eisbergs. Das darunterliegende Problem ist viel weitreichender und gefährlicher und resultiert aus der mangelnden Stabilität unserer Währung.

Unser Geldsystem ist krank

Das Geld, das wir nutzen, in unserem Fall der Euro, verliert seit Jahren erheblich an Wert, was sich in sinkender Kaufkraft bemerkbar macht. Der Euro hat seit seiner Einführung vor 25 Jahren knapp 40 Prozent seiner Kaufkraft eingebüßt.[11] Die europäischen Staaten, aber genauso auch die USA und Staaten weltweit sind bereits hoch verschuldet und verschulden sich noch weiter. Es ist daher im Interesse der Staaten, Zinsen niedrig und die Inflation auf einem gewissen Niveau zu halten. Denn mit einer zunehmenden Inflation verlieren Schulden ihren Wert und niedrige Zinsen sorgen für geringere Neuverschuldung durch eine Reduzierung der Zinslast. Niedrige Zinsen und hohe Inflation sind allerdings die Endgegner für jeden, der sein erarbeitetes Geld sparen möchte. Denn Sparen wird bei geringen Zinsen und hoher Inflation bestraft.

Wenn eine Anschaffung, beispielsweise ein Fernseher, dieses Jahr 1.000 Euro und nächstes Jahr 1.100 Euro kostet und du, wenn du die 1.000 Euro stattdessen auf ein Tagesgeldkonto einzahlst, nur 20 Euro Zinsen in einem Jahr erzielen kannst, wirst du die Anschaffung sofort tätigen, anstatt ein Jahr darauf zu warten.

Sofortiger Konsum wird vom Finanzsystem belohnt und Abwarten bestraft. Daher neigen wir dazu, sofort zu konsumieren, anstatt abzuwarten. Wir haben eine hohe Zeitpräferenz. Das bedeutet, dass uns Dinge heute wichtiger sind als in der Zukunft. Und so fördern niedrige Zinsen und hohe Inflation wiederum den Konsum. Dies ist politisch auch so gewollt, denn es kurbelt die Konjunktur an und kommt der Wirtschaft zunächst zugute, allerdings zulasten der finanziellen Möglichkeiten eines jeden Einzelnen.

Unter diesem Aspekt schaut man plötzlich auch mit anderen Augen auf staatliche Unterstützungsleistungen, wie beispielsweise die Corona-Hilfen. Denn jede staatliche Hilfe, die verteilt wird, muss finanziert werden. Und dies passiert über Staatsverschuldung und die **Erschaffung neuen Geldes**. Denn ja, das Geld, mit dem Staaten sich verschulden, das Staaten als Kredite aufnehmen, wird einfach erzeugt. So entsteht neues Geld aus dem Nichts. Und diesem neuen Geld beziehungsweise der nun vergrößerten Geldmenge steht zunächst eine unveränderte Menge an Produkten und Dienstleistungen gegenüber. Bedeutet, dass die Euros, die du besitzt, weniger Kaufkraft haben als zuvor: Für die gleiche Menge Geld erhältst du weniger Waren oder Leistungen. Allein von 2020 bis 2022 wurde im Zuge der Corona-Pandemie so viel Geld neu erschaffen wie in den neun Jahren zuvor: ein Fünftel der gesamten Geldmenge.

Wenn Ökonomen oder Politiker behaupten, die Inflation wäre 2022 überraschend gekommen oder durch den Krieg in der Ukraine verursacht worden, so ist dies glatt gelogen. Denn wächst die Geldmenge in einem erheblich stärkeren Ausmaß als die Produktion von Waren oder das Repertoire an Dienstleistungen, dann führt dies selbstverständlich zur Inflation.

Wozu erläutere ich dir das alles? Weil Bitcoin ein **Gegenmodell zu inflationierenden Währungen und dem aktuellen Finanzsystem** darstellt. Denn Bitcoin können ja wie erläutert nicht beliebig neu erzeugt werden. Wie wir bereits gesehen haben, kommen 3,125 Bitcoin durchschnittlich alle zehn Minuten in die Welt. Insgesamt wird es nie mehr als 21 Millionen davon geben. Keine Pandemie, kein Krieg, kein Erdbeben oder ein anderes Ereignis kann eine Ausweitung der Bitcoin-Menge veranlassen. Niemand kann neue Bitcoin erzeugen und damit den Wert beziehungsweise die Kaufkraft deiner Bitcoin schmälern. Ganz im Gegenteil, je mehr Dienstleistungen und Waren Bitcoin gegenüberstehen, je mehr Menschen und Institutionen in Bitcoin einen Wert sehen, desto wertvoller wird der vorhandene Bestand an Bitcoin.

Daher wird Bitcoin auch als Sound Money, im Deutschen: gesundes Geld, bezeichnet. Das ist Geld, das seinen Wert erhält und in dem es sich deshalb zu sparen lohnt.

Bitcoiner sprechen deshalb auch davon, in Bitcoin zu sparen beziehungsweise sie zu sammeln und zu halten. Hieraus sind die Ausdrücke **hodln** (Aus dem Englischen von to hold) und **to stack**

sats (Satoshis sammeln) hervorgegangen. Sie sprechen beim Kauf von Bitcoin nicht von einer Investition, wie beispielsweise bei Aktien, sondern von **Sparen in einem gesunden Geld**. Und so sind viele der sogenannten Hodler, also Personen, die Bitcoin halten und immer weiter ansparen, sehr bescheidene und genügsame Menschen. Entgegen dem weitverbreiteten Vorurteil, Bitcoiner würden aus Habsucht, um mit teuren Statussymbolen wie Lamborghinis oder Jachten zu protzen, Bitcoin horten oder hätten ihren Reichtum durch Zockerei oder indem sie ein vermutlich blöderes Opfer über den Tisch gezogen haben, ergaunert, gehört der überwiegende Teil der Bitcoiner, die ich bisher kennengelernt habe, eher zu den Menschen, die auf übermäßigen Konsum verzichten und mit Bitcoin ein neues, ultimatives Sparvehikel entdeckt haben. Ein typischer Witz unter Bitcoinern ist, dass jemand seine Stühle verkauft, um den Dip zu kaufen, also in Bitcoin zu investieren, wenn der Preis überraschend runtergegangen ist. Und ein bekannter Ausspruch lautet: „Wenn dein Auto jünger ist als Bitcoin, dann hast du zu wenig Bitcoin."

Hodler betrachten Bitcoin als Möglichkeit, die von ihnen erarbeiteten Werte langfristig zu bewahren, und sie sehen daher keinen Grund, ihre Bitcoin zu verkaufen, selbst wenn der Kurs erheblich steigt.

Zeitpräferenz und die Bedeutung von langfristigem Denken

Wie gerade erläutert, stellt das Sparen in Bitcoin also einen Gegenentwurf zu unserer derzeitigen gesellschaftlichen Tendenz zum schnellen Überkonsum dar. **Bitcoin belohnt Sparen.** Und wer fürs Sparen belohnt wird, konsumiert bewusster. Dann fällt die Entscheidung zwischen schnellem, direktem Konsum und anwachsender Kaufkraft und damit zunehmender finanzieller Unabhängigkeit wesentlich schwerer. Wer eine Möglichkeit entdeckt hat, seine erbrachte Arbeitsleistung in einer Währung zu sparen, die über die Zeit tendenziell an Wert gewinnt, wird versuchen, maximal viel anzusparen, und schiebt Konsum eher auf oder unterlässt ihn an der einen oder anderen Stelle ganz.

Wenn dem sofortigen Kauf des Fernsehers für 1.000 Euro die Alternative entgegensteht, durch die Anlage der 1.000 Euro in Bitcoin in zehn Jahren vielleicht 10.000 Euro zu besitzen, die dann einen Ausgleich zur Arbeitszeitreduzierung, einen Grundstock für die Ausbildung des eigenen Kindes, die Anzahlung für eine Immobilie, einen wie auch immer gearteten Beitrag zu mehr Freiheit und Unabhängigkeit bilden, dann ist diese Entscheidung viel schwieriger zu treffen. Dann schiebst du den Kauf des Fernsehers vielleicht doch noch auf oder verzichtest sogar ganz darauf und begnügst dich mit dem alten Modell in deinem Wohnzimmer.

Die Möglichkeit von rentablem Sparen reduziert unsere Zeitpräferenz sowie den übermäßigen Konsum in unserer Gesellschaft, sorgt ganz nebenbei für einen sinnvolleren Einsatz von Ressourcen und mehr Nachhaltigkeit. Gleichzeitig trägt es zu mehr finanzieller Unabhängigkeit eines jeden Einzelnen bei und macht uns ein Stück freier.

Eine niedrige Zeitpräferenz sorgt für mehr Weitsicht, für ein langfristigeres Denken. Und langfristiges Denken führt wiederum dazu, dass wir mehr Wert auf unsere Gesundheit, unsere Umwelt und unsere Beziehungen legen. Zum einen haben wir, wenn wir mehr finanzielle Unabhängigkeit erlangen, vielleicht mehr zeitliche Kapazitäten, uns um unsere Gesundheit in Form von Sport und Bewegung, gesunder Ernährung und Selbstfürsorge zu kümmern oder um Beziehungen zu pflegen, und mehr Zeit , die wir in uns und unsere persönliche Entwicklung investieren können. Zum anderen denken wir zukunftsgerichteter und halten es für erstrebenswerter, die Zukunft in unserem Sinne zu gestalten.

Viele, die bereits sehr früh Bitcoin in großen Mengen gekauft oder gemint haben, die sogenannten OGs, sind heute dank Bitcoin finanziell frei. Sie sind nicht mehr darauf angewiesen, zu arbeiten, um Geld zu verdienen, und ihr Vermögen ermöglicht es ihnen, zu tun, was auch immer sie möchten. Es ist beeindruckend zu beobachten, wozu diese Umstände bei vielen von ihnen geführt haben. Denn viele OGs investieren weiterhin all ihre Zeit in die Weiterentwicklung und Adoption von Bitcoin, indem sie als Menschenrechtsaktivisten durch die Welt reisen, eigene Unternehmen gegründet haben oder Bitcoin-Bildung betreiben. Sie haben es finanziell nicht mehr nötig, dies zu tun. Aber sie brennen dafür. Sie sind von Bitcoin und der zugrunde liegenden Idee so überzeugt, dass es für sie selbstverständlich ist, mit all ihrer Energie und Zeit ihren Beitrag zu leisten.

8. Mit Bitcoin bezahlen

Zunehmende Akzeptanz von Bitcoin als Zahlungsmittel

Du weißt bereits: Bitcoin ist ein elektronisches Peer-to-Peer Cash System, ein digitales Bezahlsystem, das Zahlungen von Person zu Person ohne eine zentrale Zwischeninstanz ermöglicht. Um eine Zahlung zu tätigen, wird einfach eine Transaktion von der eigenen Adresse zur Adresse des Zahlungsempfängers getätigt. Die Bitcoin wechseln dann auf der Blockchain von der Adresse des Zahlenden auf die Adresse des Zahlungsempfängers. Bis eine solche Transaktion final abgeschlossen und in die Blockchain geschrieben ist, kann ein oder können gar mehrere Blöcke vergehen. Ein neuer Block wird, wie im Abschnitt „Wie kommen neue Bitcoin in die Welt?" in Kapitel 2 beschrieben, durchschnittlich alle zehn Minuten gefunden und an die Blockchain angehängt. Für Zahlungen, bei denen einige Minuten oder auch eine Stunde keine Rolle spielen, ist Bitcoin ein sehr einfacher, kostengünstiger Ersatz für z. B. Überweisungen. Insbesondere bietet es sich für Überweisungen in ein anderes Land an und macht teure Geldtransferservices überflüssig. Anbieter wie Western Union, Wise oder Ria verlangen hohe Gebühren für den Geldtransfer. Mit Bitcoin kann ein beliebig hoher Betrag zu geringen Gebühren (zwischen 50 Cent und ein paar Euro) gesendet werden.

Problematik Sofortzahlung

Bei Ad-hoc-Zahlungen, beispielsweise in einem Restaurant oder im Supermarkt, ist es ungünstig, zehn Minuten oder länger auf den Abschluss und die Bestätigung einer Zahlung zu warten. Denn erst wenn die Transaktion in die Blockchain geschrieben ist, kann ein Händler sicher sein, dass er für eine ausgegebene Ware oder Dienstleistung auch wirklich den Gegenwert in Bitcoin erhalten hat. Dies ist unpraktisch in Situationen, in denen **Zahlungen in Sekundenschnelle** abgeschlossen werden sollen. Zusätzlich möchte man nicht unbedingt, dass jede Zahlung, z. B. für einen Becher Kaffee am Kiosk, für immer und ewig in der Blockchain steht. Würden Hunderte Millionen von Zahlungen täglich, wie sie heute z. B. mit Kreditkarte getätigt werden, in Bitcoin auf der Bitcoin-Blockchain beglichen, wären die Blöcke voller kleiner und kleinster Transaktionen. Und da Bitcoin nur ca. 7.000 Transaktionen in einen Block aufnehmen kann, müssten Transaktionen ewig auf ihre Abwicklung warten. Die mangelnde sogenannte Skalierbarkeit, also die Eigenschaft, dass nicht beliebig viele Transaktionen in einen Block aufgenommen werden können und sich das auch nicht ändern wird, beispielsweise indem die Blöcke immer größer werden, ist eine häufig geäußerte Kritik an Bitcoin.

Das sogenannte **Blockchain-Trilemma** besagt, dass eine Blockchain, immer nur zwei von drei Eigenschaften gleichzeitig erfüllen kann:

- Sicherheit,
- Dezentralität
- und Skalierbarkeit.

Es können nie alle drei vollumfänglich erfüllt werden.

Bei Bitcoin hat man sich für **maximale Sicherheit und maximale Dezentralität** zulasten mangelnder Skalierbarkeit entschieden. Für die Bitcoin-Blockchain selbst ist es wichtiger, dass diese durch viele Zehntausende Nodes weltweit gesichert wird und möglichst viele Nodes in der Lage sind, den aktuellen Stand der Blockchain zu speichern.

Es ist hingegen weniger wichtig, auf der Blockchain – dem sogenannten **Main Layer** oder **First Layer** – immer mehr Transaktionen durchführen zu können.

Das Lightning-Netzwerk

Der Bitcoin Main Layer war nie dazu designt, zu skalieren. Die Nutzung von Bitcoin als Zahlungsmittel, um schnell kleine Beträge zu begleichen, war von Anfang an nicht via Transaktion auf der Blockchain gedacht. Um dennoch mit Bitcoin zahlen zu können, wurde 2016 das **Lightning-Netzwerk** entwickelt. Hierbei handelt es sich um eine sogenannte **Second-Layer-Lösung** auf Bitcoin. Das heißt, das Lightning-Netzwerk nutzt Bitcoin, schreibt hierbei aber nicht jede Transaktion direkt in die Blockchain.

In Lightning eröffnen Personen miteinander einen Zahlungskanal. In diesen Kanal legt eine der beiden Personen oder legen beide eine bestimmte Anzahl an Bitcoin.

Hier ein Beispiel:
Anne und Ben eröffnen gemeinsam einen Zahlungskanal und legen jeweils 500.000 Satoshis hinein: Im Kanal liegen also eine Million Satoshis, die zu 50 Prozent Anne und zu 50 Prozent Ben gehören.

Die Transaktion, 500.000 Satoshis von Annes Adresse und 500.000 Satoshis von Bens Adresse in den Kanal hinein, wird auf der Bitcoin-Blockchain festgehalten. Nun können Anne und Ben im Lightning-Netzwerk beliebig häufig Sats hin- und herschicken und Zahlungen austauschen.

- Zum Beispiel kauft Anne bei Ben einen Kaffee für 5.000 Sats. Nach der Zahlung hat Anne Anspruch auf 495.000 und Ben auf 505.000 Sats im Kanal.
- Dann kauft Ben bei Anne ein Buch und zahlt 100.000 Sats. Somit gehören Anne 595.000 und Ben nur noch 405.000 Sats im Kanal.

Beschließen die beiden, ihren Zahlungskanal aufzulösen, so werden 595.000 Sats auf eine Bitcoin-Adresse von Anne und 405.000 Sats auf die Adresse von Ben transferiert. Diese Transaktion wird dann wieder in die Blockchain geschrieben. Die beiden Käufe, Kaffee gegen 5.000 Sats und Buch gegen 100.000 Sats, kennen hingegen nur Anne und Ben. Sie sind der Blockchain nicht bekannt. Nur die Transaktionen zum Eröffnen und zum Schließen eines Lightning-Kanals werden in die Blockchain geschrieben. Alle Zahlungen innerhalb eines Lightning-Kanals sind der Blockchain nicht bekannt und erzeugen keine Einträge. Diese Zahlungen können daher innerhalb weniger Sekunden durchgeführt werden.

Um Lightning nun praktisch zu nutzen, musst du die Zahlungskanäle nicht selbst eröffnen, sondern benötigst ein **Lightning Wallet**. Hierfür gibt es diverse Apps für das Smartphone wie beispielsweise *Phoenix* oder *Wallet of Satoshi*. Ein solches Wallet muss mit

Bitcoin „aufgeladen“ werden, entweder indem man bei Anbietern wie Pocket Bitcoin oder Relai direkt Bitcoin auf Lightning erwirbt oder indem man sich von seiner Bitcoin-Adresse selbst Bitcoin auf die Lightning-App sendet. Einige Apps (z. B. Wallet of Satoshi) sind in der Lage, Bitcoin On-Chain (also auf der Blockchain) zu erhalten und Bitcoin auf Lightning dafür zur Verfügung zu stellen. Die jeweilige App richtet dir die notwendigen Kanäle ein bzw. du nutzt dabei die Kanäle des App-Anbieters.

Wie funktioniert eine Lightning-Zahlung aus Anwendersicht?

- Der Empfänger einer Lightning-Zahlung erstellt mit seinem Lightning Wallet ein Invoice, eine Rechnung, über den zu empfangenden Betrag. Diese wird meist in Form eines QR-Codes dargestellt, aber auch als eine Art Link angezeigt.
- Liest derjenige, der die Zahlung durchführen möchte, den QR-Code oder alternativ den Link des Invoice mit seinem Wallet ein, so kann er mit einem Knopfdruck die Höhe und Korrektheit der Zahlung bestätigen und schon wird die Zahlung ausgelöst.
- Der Betrag wird dem Empfänger umgehend gutgeschrieben und die erfolgreich durchgeführte Zahlung bei beiden im jeweiligen Wallet angezeigt.

Bezahlen in Bitcoin via Lightning ist also ähnlich komfortabel und schnell wie beispielsweise mit Apple Pay. Bei Lightning passiert dieser Prozess allerdings ohne eine zentrale Instanz im Hintergrund.

Um Zahlungen im Lightning-Netzwerk tätigen zu können, sind Zahlungskanäle zwischen Personen notwendig. Es ist allerdings nicht erforderlich, zu jeder Person, mit der man eine Zahlung austauschen möchte, einen eigenen Zahlungskanal aufzubauen. Dies wäre viel zu aufwendig und umständlich. Vielmehr nutzt das Lightning-Netzwerk alle vorhandenen Kanäle aller Netzwerkteilnehmer, um Zahlungen weiterzuleiten.

Nehmen wir an, Anne möchte Daniel 10.000 Sats zukommen lassen. Anne hat allerdings nur einen Zahlungskanal zu Ben. Ben hat Zahlungskanäle zu Charlotte und Eric. Charlotte hat einen Zahlungskanal zu Daniel. Sobald Daniel Anne ein Invoice zukommen lässt, z. B. indem Anne den QR-Code scannt, den Daniel mit seiner Wallet-App erstellt hat, sucht Annes Lightning Wallet einen gültigen Pfad von Zahlungskanälen, der bei Daniel endet und dessen Kapazität ausreichend groß ist, um die 10.000 Sats durchzuschicken. Der Pfad sieht dann folgendermaßen aus:

Anne ⇨ Ben ⇨ Charlotte ⇨ Daniel

Wir gehen davon aus, dass die Kanäle folgendermaßen mit Bitcoin bestückt sind:

- Kanal 1 zwischen Anne und Ben: 500.000 Sats bei Anne, 500.000 Sats bei Ben.
- Kanal 2 zwischen Ben und Charlotte: 200.000 Sats bei Ben, 300.000 Sats bei Charlotte.
- Kanal 3 zwischen Charlotte und Daniel: 400.000 Sats bei Charlotte, 200.000 Sats bei Daniel.

Findet das Wallet von Anne einen gültigen Pfad, der durchgängig von Anne zu Daniel führt und bei dem die Kapazität jeweils ausreichend groß ist, um den gewünschten Betrag zu versenden, kann die Zahlung erfolgen. Dies passiert nicht, indem Anne David direkt 10.000 Sats sendet, sondern indem sich die Besitzverhältnisse in allen Kanälen von Anne zu Daniel hin verschieben.

Die Zahlungskanäle sehen nach erfolgter Zahlung folgendermaßen aus:

- Kanal 1 zwischen Anne und Ben: 490.000 Sats bei Anne, 510.000 Sats bei Ben.
- Kanal 2 zwischen Ben und Charlotte: 190.000 Sats bei Ben, 310.000 Sats bei Charlotte.
- Kanal 3 zwischen Charlotte und Daniel: 390.000 Sats bei Charlotte, 210.000 Sats bei Daniel.
- Die 10.000 Sats sind also bei Daniel angekommen und Annes Besitz wurde um 10.000 Sats verringert.

Die Bitcoin-Blockchain weiß allerdings nichts von dieser Zahlung beziehungsweise der Verschiebung der Besitzverhältnisse. Erst wenn die Zahlungskanäle wieder geschlossen werden – und dies geschieht in der Regel erst nach vielen, vielen erfolgten Transaktionen, nach Monaten oder gar Jahren und ist im „Normalbetrieb“ von Lightning auch gar nicht notwendig –, werden die erzielten Besitzverhältnisse auf die Blockchain geschrieben.

Obiges Beispiel habe ich bewusst zunächst ein wenig vereinfacht. Denn in der Realität ist es so, dass die Lightning-Kanäle für das Weiterleiten von Zahlungen Gebühren verlangen. Dafür, dass ein Zahlungskanal genutzt wird, erhält dieser Gebühren. Die Gebühren sind vom Sender der Zahlung zu entrichten und werden auf die Kanäle entlang des Pfades verteilt. Die involvierten Kanäle verdienen also am Weiterleiten der Zahlungen. Wobei die Gebühren hier in der Regel nur ein paar Sats – also am Ende ein paar Cent – betragen.

Bitcoin als Zahlungsmittel

Wie erwähnt, kann Bitcoin für immer mehr Anlässe an immer mehr Orten als Zahlungsmittel eingesetzt werden. So hat das mittelamerikanische Land El Salvador Bitcoin als offizielles Zahlungsmittel eingeführt. In vielen afrikanischen Ländern und Regionen entstehen kleine Gruppierungen, die eine Kreislaufwirtschaft mit Bitcoin aufbauen. Die Schweizer Stadt Lugano fördert lokal die Akzeptanz von Bitcoin, indem sie Bürgerinnen und Bürgern sowie Unternehmen seit 2023 die Möglichkeit gibt, Steuern und Gebühren für kommunale Dienstleistungen in Bitcoin zu zahlen.

Aber auch bei uns in Deutschland kann man an immer mehr Stellen Bitcoin als Zahlungsmittel nutzen. Auf Webseiten wie *btcmap.org* sind Geschäfte, Restaurants und Dienstleister gelistet, die Bitcoin akzeptieren. Online gibt es weltweit bereits etliche Möglichkeiten, in Bitcoin zu zahlen. Und gerade mit Lightning schickt man diese Zahlungen einfach per Scan eines QR-Codes oder per Eingabe einer Lightning-Adresse in eine Wallet-App in Sekundenschnelle von Wallet zu Wallet.

Micro Payments

Im Abschnitt „Bitcoin ist teilbar“ habe ich ja schon einmal die Möglichkeit von **Micro Payments** erwähnt. Hierunter versteht man kleinste Zahlungen im Cent-Bereich oder gar in Bruchteilen von Cent, die – meist für Dienstleistungen – gezahlt werden. Geschäftsmodelle, in denen z. B. für das Anhören eines Liedes fünf Cent oder für das Lesen eines Nachrichtenbeitrags 20 Cent fällig werden, ergeben mit herkömmlichen Abrechnungssystemen keinen Sinn. Denn die dahinterliegenden Bezahlsysteme sowie die Verbuchung dieser Zahlungen sind viel zu aufwendig und verursachen viel zu viele Kosten. Es ist nicht wirtschaftlich. Als Konsequenz beinhalten die vorherrschenden Modelle entweder Abonnements oder stellen Content kostenfrei zur Verfügung, den der Nutzer dann in der Regel durch seine Daten bezahlt, wobei er zusätzlich gezwungen wird, Werbung über sich ergehen zu lassen.

Die Ersteller der Inhalte, die Content Creators, erhalten von den Plattformen oft nur einen Bruchteil dessen, was ihr Content wert ist, bzw. des Wertes, den die Plattform für sich damit generiert. Zusätzlich ist der Inhaltgeber vom Wohlwollen des Plattformbetreibers abhängig. So können seine Inhalte jederzeit vom zentralen Anbieter gesperrt oder seine Reichweite kann eingeschränkt werden.

Bitcoin und die Integration von Lightning-Zahlungen in Podcast-Player sowie weitere Apps ermöglichen ein **direktes monetäres Feedback** des Nutzers an den jeweiligen Content Creator.

- Apps wie *Fountain* und *Breez* ermöglichen, dass du für jede Minute, die du einen Podcast oder ein Lied anhörst, Satoshis streamen kannst. Der Künstler wird dann pro konsumiertem Inhalt bezahlt und nicht über ein Abonnement oder eine Pay Wall. Außerdem kannst du Nachrichten an den Inhaltgeber schicken, wenn du diese mit kleinen Spenden verknüpfst. Diese sogenannten Boosts sind so etwas wie ein bezahlter Kommentar.

- *Nostr* ist ein Protokoll, auf dessen Grundlage unter anderem Social-Media-Apps entstehen, die genau wie Bitcoin dezentral sind. Sie werden auf sogenannten Relays betrieben anstelle von zentralen Unternehmen auf zentralen Servern. *Damus* ist beispielsweise eine solche App. Sie bildet ein Pendant zu X und dort ist es möglich, sogenannte Zaps oder Boosts zu schicken. Zaps sind das Pendant zu Likes in den üblichen Social-Media-Apps. Anstatt jemandem für einen Post ein Herzchen oder Daumen-Hoch zu schicken, zappt man den Post und zeigt seine Zustimmung in Form einer Minispende.

Und so entstehen gerade immer mehr Apps, in denen Nutzer in eine direkte Interaktion inklusive finanzieller Entlohnung mit einem Content Creator treten können. Der Empfänger erhält unmittelbar so etwas wie eine Spende – vergleichbar mit dem Straßenmusiker, der seinen Hut oder Gitarrenkoffer aufgestellt hat und dessen Leistung von seinem Publikum durch eine kleine Zahlung gewürdigt wird. Diesen Ansatz nennt man **Value for Value**. Der Künstler, Journalist, Podcaster liefert Value in Form von Musik, eines Fachartikels oder einer Podcast-Folge und erhält hierfür meist auf freiwilliger Basis einen Wert in Form von Sats – ohne dass jemand „dazwischen“ mitverdient.

9. Kann Bitcoin die Welt verbessern?

Die Potenziale von Bitcoin für eine bessere Zukunft

Die Beschäftigung mit Bitcoin und seinen Potenzialen sorgt bei vielen Menschen dafür, dass sie eine positivere Sichtweise auf die Zukunft entwickeln. „Bitcoin gibt Hoffnung", ist ein sehr häufig von Bitcoinern geäußerter Satz. Woher kommt diese Zuversicht? Handelt es sich um verklärten Fanatismus? Warum glauben so viele Bitcoiner fest daran, dass Bitcoin die Welt verbessert?

Ein großartiges Phänomen, das implizit in Bitcoin steckt, ist, dass das individuelle Interesse jedes einzelnen Bitcoiners mit dem Interesse der Allgemeinheit beziehungsweise des Netzwerks übereinstimmt.

Auch wenn man aus rein egoistischen Motiven Bitcoin erwirbt, erarbeitet, hortet und somit den eigenen Besitz an Bitcoin vergrößert, profitiert davon das gesamte Netzwerk. Denn ein Bitcoin bleibt zwar immer ein Bitcoin, aber sein Wert, ausgedrückt als Anspruch an Waren oder Dienstleistungen oder andere Währungen, steigt dadurch, dass Menschen bereit sind, Geld oder

Arbeitskraft für den Erhalt von Bitcoin aufzubringen. Das heißt, wenn du den Lohn deiner geleisteten Arbeit in Bitcoin investierst, bleibt nicht nur für dich der Wert deiner geleisteten Arbeit erhalten, sondern du erhöhst auch den Wert des Besitzes aller, die bereits vor dir ihre Arbeitskraft in Bitcoin gespeichert haben. Bitcoin ist ein **deflationäres Gut**. Sein Wert wächst mit dem Nutzen, der in das System kommt, weil seine Anzahl begrenzt ist.

Jeder Bitcoin-Nutzer trägt also auch zum Wohlstand aller anderen Nutzer bei. Überspitzt formuliert unterstützt du, indem du deine Arbeitskraft, dein Vermögen in Bitcoin speicherst, den Wohlstand Tausender Afrikaner und afghanischer Mädchen, die gelernt haben, ihren erworbenen Lohn in Bitcoin zu verstecken, oder auch Entwicklungshilfeprojekte und Konzepte zur Förderung erneuerbarer Energien sowie der Elektrifizierung afrikanischer Länder. Alex Gladstein, CEO der Human Rights Foundation, stellt in seinem Buch *Das trojanische Pferd der Freiheit* anschaulich und großartig recherchiert dar, wie der Einsatz von Bitcoin Menschen weltweit Zuversicht und einen Ausweg aus politisch motivierter, finanzieller Abhängigkeit bietet. In Bitcoin zu investieren, ist also auch ein Invest in eine bessere, humanere, gerechtere Welt und somit ein wesentlich nachhaltigeres Investment als beispielsweise ein ESG-konformer Fonds.

Bitcoin ist ein einzigartiges, geniales Konstrukt: Die Gier des Einzelnen, das Streben eines jeden Einzelnen nach Freiheit und Reichtum führen zu mehr Freiheit und Reichtum von Menschen auf der ganzen Welt. Egal ob Mann, Frau, Europäer, Amerikaner, Afrikaner, Liberaler, Demokrat, Revolutionär, Muslim, Christ, Jude, Veganer oder Karnivore, Menschenrechtler, Hausfrau, Handwerker, Banker, Grundschullehrer, Staat, unterdrückte Minderheit,

Geflüchteter – Bitcoin macht keinen Unterschied zwischen ihnen. Um Bitcoin zu nutzen und einen Nutzen durch Bitcoin zu erzielen, musst du in keinem anderen Wert, in keiner anderen Eigenschaft mit den anderen Nutzern übereinstimmen. Und dennoch profitieren alle voneinander.

Vorteile und Potenziale von Bitcoin – kurz zusammengefasst

- Bitcoin ist finanzielle Inklusion: Es bietet Menschen ohne eigenen Bankzugang Möglichkeiten, zu sparen, Werte zu speichern und Zahlungen durchzuführen.
- Es eignet sich zum kostengünstigen, zuverlässigen, erlaubnislosen Geldtransfer (z. B. für Zahlungen, für die sonst teure Geldtransferservices notwendig sind).
- Bitcoin-Transaktionen erlauben eine direkte Übermittlung ohne (korrupte) Mittelsmänner (z. B. bei Spendenzahlungen, Hilfsprojekten).
- Bitcoin erlaubt die sichere Verwahrung des eigenen Besitzes. Dieser ist vor Erpressung, Raub und Enteignung geschützt.
- Bitcoin ermöglicht finanzielle Vorsorge.
- Bitcoin ist mobiler Besitz, der überall mit hingenommen werden kann, über jegliche Grenzen hinweg und auch bei widrigsten Umständen (Krieg, Flucht, Naturkatastrophen).
- Bitcoin ist diskriminierungsfrei und funktioniert ohne ausschließende Hürden.
- Um Bitcoin zu nutzen, sind lediglich ein Handy oder Computer sowie ein Internetzugang nötig.

- Bitcoin-Mining kann ein entscheidender Baustein in der Realisierung der Energiewende sein. So können Bitcoin-Miner als Stromabnehmer erster sowie letzter Instanz eingesetzt werden und zur Stabilisierung des Stromnetzes beitragen. Mining verwandelt Wasted Energy in wertvolle Bitcoin.
- Bitcoin als gesundes Geld macht Sparen wieder erstrebenswert und rentabel. Bitcoin trägt damit zur Reduzierung des übermäßigen Konsums bei und senkt die Zeitpräferenz.
- Da in Bitcoin Werte optimal gespeichert werden können, macht es andere Objekte als Wertspeicher unattraktiver: So könnten Immobilienpreise zukünftig wieder sinken oder zumindest weniger stark steigen, wenn Immobilien nur noch zu Wohnzwecken oder ggf. als Mietobjekte und weniger als Wertanlagen dienen.
- Bitcoin gibt vielen Menschen Hoffnung auf eine konstruktive und positive Zukunft.
- Bitcoin bringt wachsende Unabhängigkeit, Freiheit und Souveränität für jeden Einzelnen und somit für uns als Gesellschaft.

Glossar

Bitcoin-Blockchain: Aneinanderreihung von Datenblöcken. In den Datenblöcken sind die Transaktionen aufgelistet.

Transaktion: Senden eines Bitcoin-Betrages von einer Public Address zu einer anderen Public Address. Die Transaktion geht als Eintrag in einen Datenblock ein.

Wallet: eine Art digitaler Geldbeutel, in dem der private Schlüssel zu deinen Bitcoin-Adressen verwahrt wird.

Software Wallet: Wallet in Form einer App oder eines Programms auf dem Computer. Das Wallet ist dadurch in der Regel mit dem Internet verbunden und hierdurch stärker durch Hackerangriffe gefährdet.

Hardware Wallet: kleine Hardware, ähnlich einem USB-Stick, die als Wallet dient. Das Hardware Wallet hat in der Regel keine Verbindung zum Internet. Der private Schlüssel wird auf dem Hardware Wallet verwahrt. Der private Schlüssel kann nicht von anderen Geräten ausgelesen und somit gestohlen werden.

Private Key: geheimer Schlüssel, der zum Transferieren deiner Bitcoin benötigt wird. Aus dem Private Key leitet das Wallet Public

Addresses ab, auf denen deine Bitcoin liegen. Nur wer den Private Key hat, kann die Bitcoin von einer dazugehörigen Public Address transferieren.

Public Address: öffentliche Adresse, auf die Bitcoin gesendet werden können. Sie wird aus dem Private Key erzeugt. Die Public Address steht für alle einsehbar in der Blockchain.

xPub: Extended Public Key, eine „Master-Adresse"/ein erweiterter Schlüssel, aus dem viele Public Addresses, die alle zum selben Private Key gehören, generiert werden können.

Node: ein Knoten im Bitcoin-Netzwerk. Ein Computer wird durch das Herunterladen der Bitcoin-Blockchain und durch das Laufen-Lassen der Bitcoin-Software zur Node, er beteiligt sich am Netzwerk. Die Nodes validieren die Transaktionen im Netzwerk.

Mining: Prozess, bei dem neue Blöcke an die Bitcoin-Blockchain angehängt werden. Die Miner schreiben Transaktionen in Daten-Blöcke und treten gegeneinander in einen Wettbewerb im Schnellrechnen an. Wer als Erster einen gültigen Block bestimmt, darf diesen der Blockchain anhängen. Er erhält dafür als Belohnung den Block Reward. Der **Block Reward** besteht aus den Transaktionsgebühren sowie der **Block Subsidy**, neu erzeugten Bitcoin. Diese werden mit der Zeit durch das Mining freigesetzt. In Analogie zu Gold spricht man deshalb vom Bitcoin-Mining.

Proof of Work: Regelwerk, nach dem das Mining funktioniert. Der Prozess, einen gültigen Block zu finden, ist sehr rechenintensiv und benötigt sehr viel Energie. Wenn ein Block gültig ist, kann man sicher sein, dass viel Energie und Rechenleistung in die Bestimmung des Blocks geflossen sind.

Satoshis, kurz Sats: Untereinheit von Bitcoin, benannt nach dem Erfinder Satoshi Nakamoto.

Satoshi Nakamoto: Pseudonym des Erfinders von Bitcoin. Man weiß bis heute nicht, ob es sich um eine Gruppe oder einen Einzelnen, einen Mann oder eine Frau gehandelt hat und ob er oder sie noch lebt.

UTXO: Unspend Transaction Output. Der Betrag, der durch eine Bitcoin-Transaktion als Output auf einer Adresse ankam und noch nicht weiter ausgegeben wurde.

Lightning-Netzwerk: Das Lightning-Netzwerk ist ein Bezahlsystem, das auf Bitcoin aufsetzt. Die Transaktionen im Lightning-Netzwerk werden jedoch nicht direkt in die Blockchain geschrieben. Man spricht von einem Second-Layer-Netzwerk.

Quellen

1 Wenn du dir die Bitcoin-Blockchain einmal anschauen möchtest, so empfehle ich dir die Webseite *mempool.space*. Dort kannst du in beliebige Blöcke der Blockchain hineinzoomen und dir die einzelnen Transaktionen ansehen.

2 https://www.capgemini.com/de-de/news/pressemitteilung/world-wealth-report-2024/

3 Interview mit Cathie Wood auf Grundlage des Reports Ark Big Ideas 2023: https://research.ark-invest.com/hubfs/1_Download_Files_ARK-Invest/Big_Ideas/ARK%20Invest_Presentation_Big%20Ideas%202023_FINAL_V2.pdf

4 https://www.sueddeutsche.de/wirtschaft/bitcoin-kryptowaehrungen-tot-kommentar-1.4235485

5 https://www.heise.de/news/EZB-Generaldirektor-sieht-Bitcoin-auf-dem-Weg-in-die-Irrelevanz-7363210.html

6 The 2023 Crypto Crime Report, Chainalysis; https://www.pensamientopenal.com.ar/system/files/Documento_Editado1090_0.pdf

7 Das bayrische Unternehmen *terahash* zeigt, wie Mining-Rechenzentren sinnvoll in industrielle Prozesse eingebunden werden können: https://terahash.space/

8 YouTube, Bitcoin aufbewahren mit der BitBox02 Hardware-Wallet-Anleitung: Einrichtung, Bedienung & Sicherung, https://youtu.be/8xHCgf6VpDg

9 https://www.destatis.de/DE/Themen/Querschnitt/Demografischer-Wandel/_inhalt.html

10 https://dserver.bundestag.de/btd/20/118/2011898.pdf

11 Quelle: Analyse des Flossbach von Storch Research Institute; https://www.flossbachvonstorch-researchinstitute.com/en/the-euro-meltdown/

… zum Weiterlesen und -hören

Bücher:

- Saifedean Ammous: Der Bitcoin Standard. Aprycot Media, 2019
- The Bitcoin Collective, Luis Buenaventura et al.: Das kleine Bitcoin Buch: Warum Bitcoin für deine Freiheit, Finanzen und Zukunft wichtig ist. Aprycot Media, 2021
- Gigi: 21 Lektionen. Meine Reise in den Bitcoin Kaninchenbau. Aprycot Media, 2020
- Alex Gladstein: Das trojanische Pferd der Freiheit. Bitcoin als Chance im Kampf um Selbstbestimmung und Menschenrechte (Originaltitel: *Check Your Financial Privilege*). Aprycot Media, 2023
- Marc Steiner: Bitcoin verwahren und vererben. Ein praktischer Ratgeber. Aprycot Media, 2020

Podcasts:

- Nicole Nowak: Bitcoin kurz erklärt; *https://bitcoinkurzerklaert.podigee.io/*
- Manuel Bassler und Jonas Hofmeister: Bitcoin verstehen (insbesondere die Bitcoin-Basics-Folgen); *https://bitcoinverstehen.info/bitcoinbasics*

Links:

- Blick in die Blockchain: *https://mempool.space/de/*
- Karten mit Geschäften, die Bitcoin akzeptieren: *btcmap.org, coinpages.io* und *coinmap.org*
- Gemeinnützige Organisation Bitcoin for Fairness:
- *https://bffbtc.org*

Anbieter:

- Pocket Bitcoin: *https://pocketbitcoin.com/de*
- Relai: *https://relai.app*
- Coinfinity: *https://coinfinity.co*
- 21bitcoin: *https://21bitcoin.app*
- BitBox Swiss: *https://bitbox.swiss*

Die Autorin

Nadine Wermke, diplomierte Wirtschaftsmathematikerin und Aktuarin mit langjähriger Erfahrung in der Versicherungsbranche, beschäftigte sich beruflich intensiv mit dem Thema Altersversorgung und leitete über ein Jahrzehnt den Fachbereich eines Unternehmens, das Beratungssoftware für die Rentenberatung entwickelte.
Seit 2012 ist sie Mitglied der Deutschen Aktuarvereinigung sowie der Deutschen Gesellschaft für Versicherungs- und Finanzmathematik.
2019 entdeckte sie durch eigene Investitionen Bitcoin und erkannte schnell dessen Potenzial. Was als Interesse an einem neuen Anlagewert begann, entwickelte sich zu einer tiefen Überzeugung der Möglichkeiten, die Bitcoin für finanzielle Inklusion, die Altersvorsorge und darüber hinaus bietet.
Ihr Wunsch, aktiv zur Förderung dieser Entwicklungen beizutragen, wuchs stetig. Seit 2022 engagiert sie sich in regionalen Bitcoin-Meetups, seit 2023 hält sie Vorträge im bundesweiten Netzwerk Les Femmes Orange, das sich der Bildung von Frauen zu Bitcoin widmet. Ihre Vision, Bitcoin als Altersvorsorge zu nutzen, vermittelt sie in Vorträgen, Workshops und als Gast in Podcasts.